주얼리 디자인을 위한 미드저니 가이드

미드저니로 완성하는 실전 주얼리 디자인 가이드북
미드저니 V7로 업그레이드된 창작 환경에서
초보 디자이너부터 전문가까지 따라 할 수 있는
주얼리 디자인 전용 마스터 매뉴얼!

보석 세팅, 금속 질감, 반사광 표현 등
주얼리 디자인에 특화된 실전 프롬프트 수록.

Sref / Personalization / 무드보드를 활용한
AI 주얼리 스타일링과 콘셉트 기획 완전 정복 가이드

김규승 저

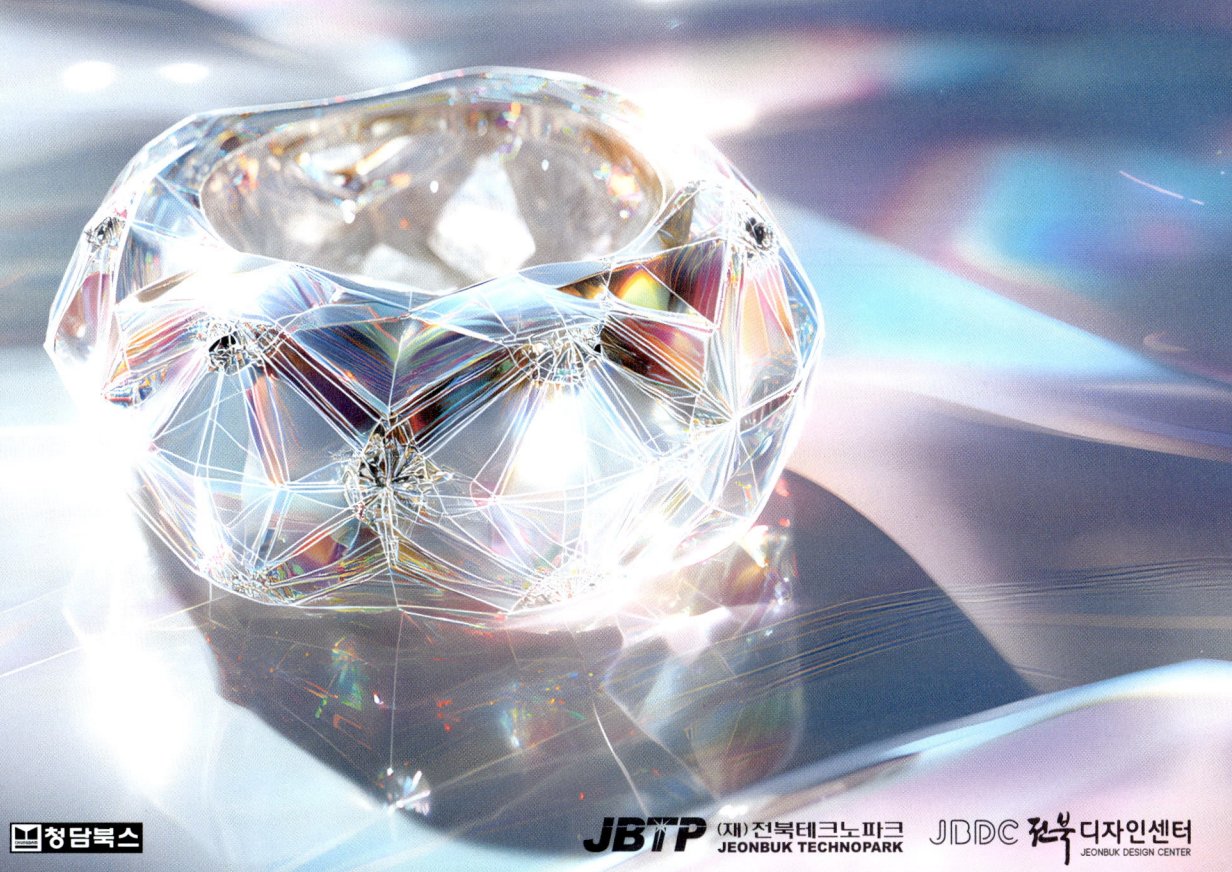

김규승 | 그래픽 디자이너
nineyad9@gmail.com

[주얼리 디자인을 위한 미드저니 가이드] 저자
샤크커뮤니케이션 그래픽 디자이너
전북디자인센터 미드저니 강사

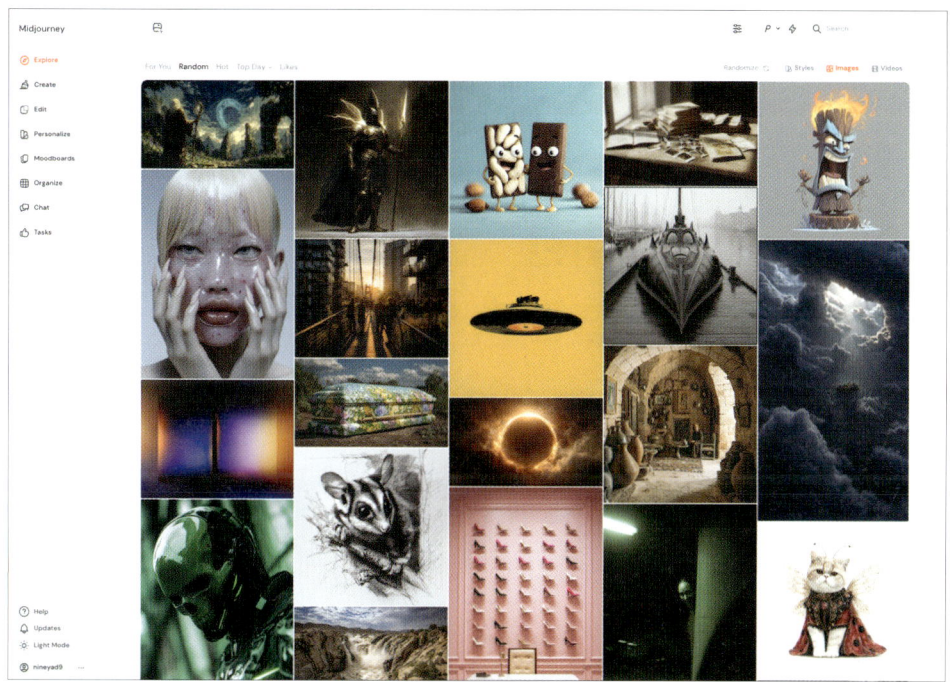

주얼리 디자인을 위한 미드저니 가이드

김규승 저

주얼리 디자인을 위한
미드저니 가이드 출간 축사

주얼리 디자인 분야는 창의성과 감성이 조화를 이루는 예술이자 산업입니다.
최근 인공지능의 발전은 이러한 디자인 과정에도 새로운 도구와 사고의 전환을 가져오고 있습니다. 특히 생성형 AI인 미드저니(Midjourney)는 주얼리 디자인의 아이디어 발상과 시각화 과정에서 효율성과 가능성을 동시에 확장시키는 혁신적인 도구로 자리 잡고 있습니다.

이러한 시대의 흐름 속에서 『**주얼리 디자인을 위한 미드저니 가이드**』는 매우 시의적절한 책이라 생각합니다. AI기반 주얼리디자이너를 위한 실무 활용법을 구체적이고 섬세하게 담아낸 이 책은, 익산보석산업과 주얼리디자인의 융합 발전을 위한 훌륭한 지침서가 될 것입니다.

특히, 주얼리디자인의 AI리터러시와 디자인실무의 접점을 치열하게 탐구하며 이 책을 집필한 김규승 작가의 노고와 열정에 깊은 감사를 드립니다. 익산 주얼리산업의 지속 가능한 성장과 글로벌 경쟁력 강화를 위해, 이러한 창의적 시도가 지역산업 전반으로 확산되기를 기대합니다.

마지막으로, 이 책이 주얼리디자이너와 익산보석산업인들에게 실질적인 도움을 주는 좋은 교재이자 영감의 원천이 되기를 진심으로 바랍니다.

JBTP전북디자인센터장 유중길

Contents

- 7 **Midjourney 가입 및 구독하기**
  미드저니 구독 관리
  미드저니 플랜

- 11 **Part 1 미드저니 홈페이지 개요**
  Midjourney 메뉴의 구성
  Midjourney 메뉴의 디테일

- 29 **Part 2 미드저니 이미지 만들기**
  Prompt Basics
  미드저니 주얼리 프롬프트의 '기본 구조'
  고급 프롬프트
  이미지 수정하기
  Parameter (매개변수)

- 53 **Part 3 주얼리 이미지 만들기**
  주얼리 디자인 미드저니 프롬프트 구조

- 83 **Part 4 미드저니 금속공예**
  금속공예를 위한 미드저니 프롬프트 구조

- 111 **Part 5 고급 프롬프트**
  Multi-Prompts & Weights
  Image Prompts
  Style Reference
  Character Reference
  Omni Reference
  Describe
  Editor

- 151 **Part 6 나만의 스타일 만들기**
  Personalization
  무드보드 만들기

- 163 **Part 7 Midjourney Workflow**
  Midjourney Workflow 1 ~ 12

- 229 **Part 8 이미지 편집**
  Edit 활용한 주얼리 이미지 수정
  스케치 이미지 실사이미지로 변환하기

- 241 **Part 9 미드저니 업그레이드**
  Design 1 ~ 5

Midjourney 가입 및 구독하기

미드저니 구독 관리

미드저니 플랜

Midjourney 가입 및 구독하기

미드저니 홈페이지(https://www.midjourney.com/home)에서 "Sign Up"을 클릭하면 가입 방법이 두 가지로 나뉩니다. 구글 아이디를 통해 가입하거나, 디스코드 계정이 있다면 디스코드 로그인을 통해 미드저니 홈페이지에 접속할 수 있습니다. Midjourney 6.1 버전부터는 공식 홈페이지가 오픈되었으므로, 처음 시작하는 사용자라면 구글 아이디를 통한 가입을 추천합니다. 디스코드 계정 또한 구글 아이디로 가입할 수 있습니다.

미드저니 구독 관리

미드저니로 이미지를 생성하기 위해서는 유료 플랜을 구독하셔야 합니다

미드저니 플랜

기본 플랜은 가장 저렴하지만 월 200장의 이미지 생성 제한이 있고, 생성된 이미지의 저작권 문제로 상업적 사용에 제약이 따릅니다. 200장이 많아 보일 수 있지만 실제 작업 시에는 금방 소진될 수 있어 권장하지 않습니다.

스탠다드 플랜은 월 30달러로, 미드저니 강의를 듣고 실습하기에 적합합니다. 연간 결제가 월별 결제보다 저렴하지만, 먼저 스탠다드 플랜을 일정 기간 사용해 본 후 결정하는 것이 좋습니다.

스탠다드 플랜의 주요 특징은 다음과 같습니다.

- 15시간의 빠른 이미지 생성 시간 제공
- 3개의 동시 빠른 작업 가능
- 3개의 동시 빠른 작업 가능
- 무제한 이미지 생성이 가능한 릴랙스 모드 지원
- 에디터 모드 사용 가능

스탠다드 플랜에서는 한 달에 15시간의 빠른 이미지 생성 시간이 주어지지만, 이를 모두 사용하더라도 이미지 생성이 불가능한 것은 아닙니다. 빠른 생성 시간을 모두 소진하면 릴랙스 모드로 자동 전환되어 무제한으로 이미지를 만들 수 있습니다. 평소 이미지 생성을 많이 하는 경우, 패스트 모드와 릴랙스 모드를 적절히 활용하여 시간을 관리하는 것을 추천합니다.

Part 1
미드저니 홈페이지 개요

Midjourney 메뉴의 구성
Midjourney 메뉴의 디테일

Part 1
미드저니 홈페이지 개요

Midjourney 메뉴의 구성

Explore

탐색 페이지의 커뮤니티 갤러리에서는 다른 미드저니 구독자들이 생성한 다양한 이미지를 살펴볼 수 있습니다. 스타일, 이미지, 비디오로 구성되어 있으며, 검색창과 'Random', 'Hot', 'Top'(일별, 주별, 월별) 보기 기능을 활용하면 인기 있고 트렌드에 맞는 작품들을 쉽게 찾을 수 있습니다. 이미지를 클릭하면 작성자, 프롬프트, 설정 등 상세 정보를 확인할 수 있습니다. 이미지에 마우스를 올리면 해당 이미지와 프롬프트 텍스트를 자신의 프롬프트에 재사용하거나, 유사한 이미지를 찾거나, 'like'를 누를 수 있는 단축키가 나타납니다. 'like' 보기에서는 사용자가 'like'를 누른 모든 이미지를 한눈에 볼 수 있습니다.

Create

"Create" 페이지는 이미지를 만드는 여정에서 가장 중요한 부분입니다. 이곳에서 여러분의 아이디어를 실제로 구현하고, 이미지가 실시간으로 만들어지는 과정을 직접 확인할 수 있습니다. 완성된 작품은 즉시 확인하고 수정할 수 있습니다. 이 페이지에서는 작품을 더욱 개선하고 이미지를 편집하는 데 필요한 다양한 도구와 기능들을 제공합니다.

Edit

"Edit" 페이지는 미드저니 편집기에 접근하여 고급 도구를 활용, 이미지를 업로드하고 편집할 수 있는 공간입니다.

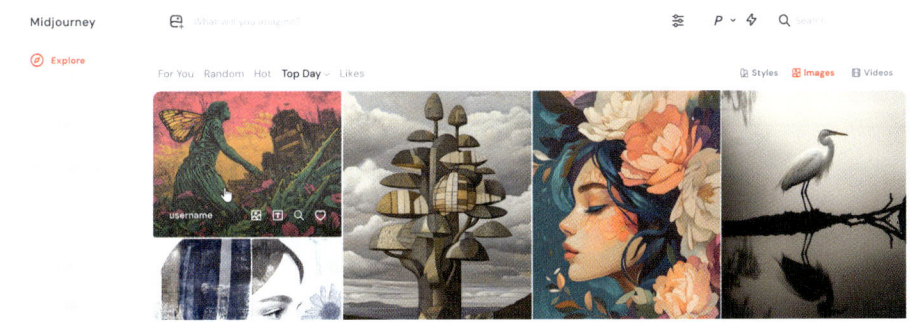

Personalize

개인 설정 페이지는 개인화된 프로필과 무드보드를 활용하여 자신만의 이미지 스타일을 창조할 수 있는 공간입니다. 창작 목표에 따라 독특한 스타일이나 분위기를 담은 여러 프로필을 관리하여 개성을 표현할 수 있습니다.

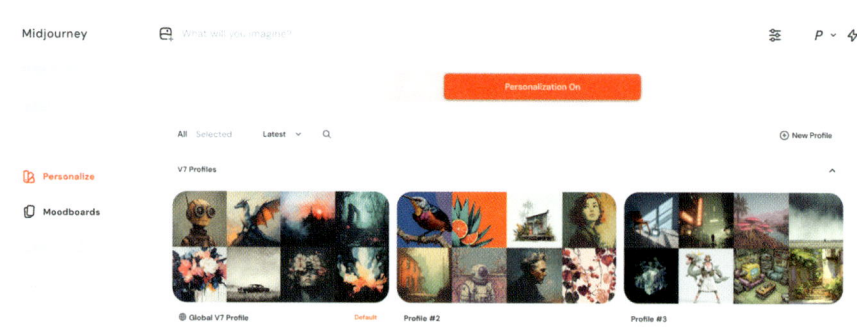

Organize

정리 페이지는 Midjourney에서 생성한 모든 결과물을 관리하는 핵심 공간입니다. 이곳에서 이미지를 검색, 필터링, 정렬하여 작업 내용을 쉽게 찾고 체계적으로 정리할 수 있습니다. 폴더를 활용하여 작품을 체계적으로 정리하거나, 타임라인 막대를 통해 날짜별로 이미지를 쉽게 찾아볼 수 있습니다. 또한, 대량 작업 기능을 사용하면 여러 이미지를 한 번에 효율적으로 관리할 수 있으며, 'Like' 표시를 하거나 숨기거나 추가적으로 분류하는 등 다양한 작업을 수행할 수 있습니다. 이 페이지는 사용자의 창작물을 효과적으로 정리하고 접근성을 높이는 데 중점을 두고 있습니다.

Rooms

채팅방은 창의적인 아이디어와 커뮤니티가 소통하는 공간입니다. 탐색 메뉴에서 'Chat'을 클릭하면 여러 활동을 위한 다양한 채팅방을 찾을 수 있습니다. 'Newbies', 'Daily Theme', 'Prompt Craft' 채팅방에 참여하여 프롬프트 팁을 공유하거나, 'Help' 채팅방에서 질문하고 답변을 얻을 수 있습니다.

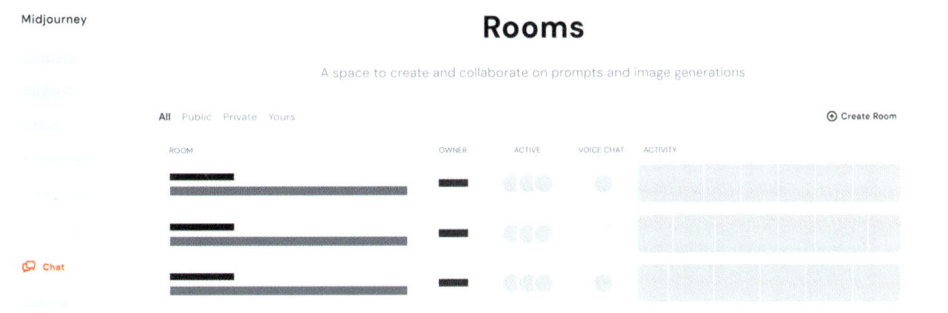

Tasks

작업 페이지에서는 개인 프로필을 맞춤 설정하고 보상을 받을 수 있는 다양한 활동에 참여할 수 있습니다. 이미지 순위 평가나 설문조사에 참여하여 소중한 의견을 제공함으로써 커뮤니티의 선택과 향후 도구 개발에 기여할 수 있습니다. 또한, 이러한 작업을 완료하면 추가 GPU 시간과 같은 특별한 혜택을 얻을 수도 있습니다.

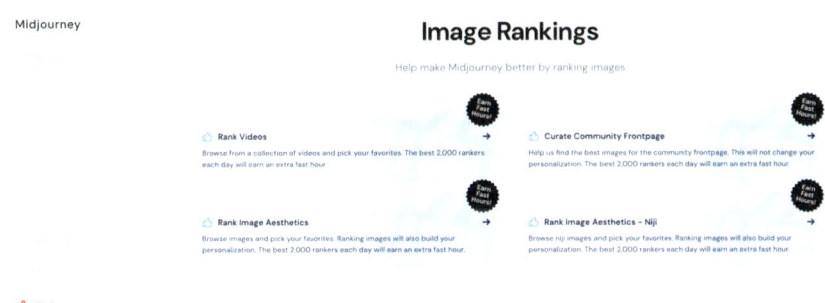

Midjourney 메뉴의 디테일

Imagine Bar

"Imagine 바"는 메시지를 입력하여 이미지를 생성하는 공간입니다. 여기에 텍스트를 입력하고 "보내기" 버튼을 클릭하거나 키보드의 "Enter" 키를 누르면 이미지 생성이 시작됩니다. Imagine 바에는 이미지 추가, 기본 설정 변경, 개인 설정 관리 등 다양한 유용한 도구가 있으며, GPU 사용량을 절반으로 줄여 이미지 프로토타입을 제작할 수 있는 초안 모드도 제공됩니다. Imagine 바 옆에는 검색창이 있어, 이전에 생성했던 모든 프롬프트를 빠르게 검색할 수 있습니다.

Images Panel

이미지 아이콘을 클릭하면 이미지 패널로 바로 이동하여 Midjourney에 새 이미지를 업로드하거나, 업로드 라이브러리에서 이미지를 선택할 수 있습니다. 이곳은 메시지를 보다 효과적으로 전달하기 위한 최적의 공간입니다.

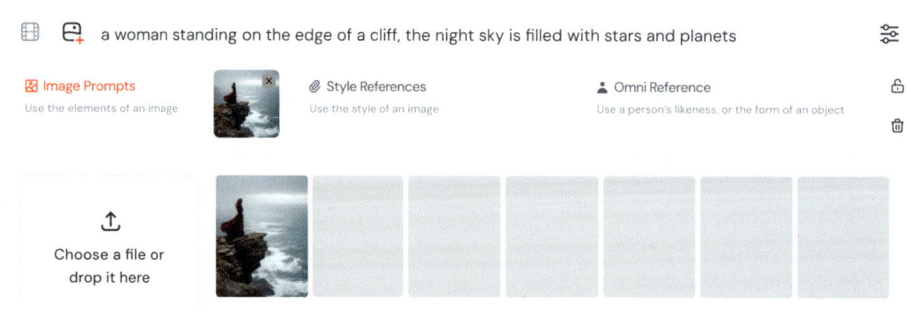

업로드 라이브러리에 있는 이미지에 마우스를 올리면 세 개의 바로가기 버튼이 나타납니다.
- "i" 아이콘을 클릭하면 이미지에 적합한 프롬프트 텍스트를 제안하는 "Describe" 기능이 실행됩니다.
- 편집기에서 이미지를 열려면 연필 아이콘을 사용하세요.
- 업로드 라이브러리에서 이미지를 삭제하려면 휴지통 아이콘을 누르세요. 업로드 관리 페이지에서도 삭제할 수 있습니다.

이미지 패널을 열면 "Imagine 바"에 두 개의 추가 버튼이 나타납니다.
- 잠금 아이콘을 사용하여 선택한 이미지를 "Imagine 창"에 저장해 두면 다른 프롬프트에서 해당 이미지를 빠르게 다시 사용할 수 있습니다.
- 휴지통 아이콘을 클릭하면 "Imagine 바"에서 모든 이미지를 제거할 수 있습니다.

이미지를 "Imagine 창"으로 끌어 원하는 섹션에 놓으세요.
- 이미지를 이미지 프롬프트로 사용합니다 (기본 옵션).
- 특정한 모습을 포착하기 위해 이미지를 스타일 참고 자료로 활용하세요.
- 캐릭터의 일관성을 유지하려면 이미지를 캐릭터 참고 자료로 활용하세요.

Settings Panel

설정 아이콘을 클릭하면 모든 프롬프트에 자동으로 적용되는 기본 설정을 조정할 수 있습니다.

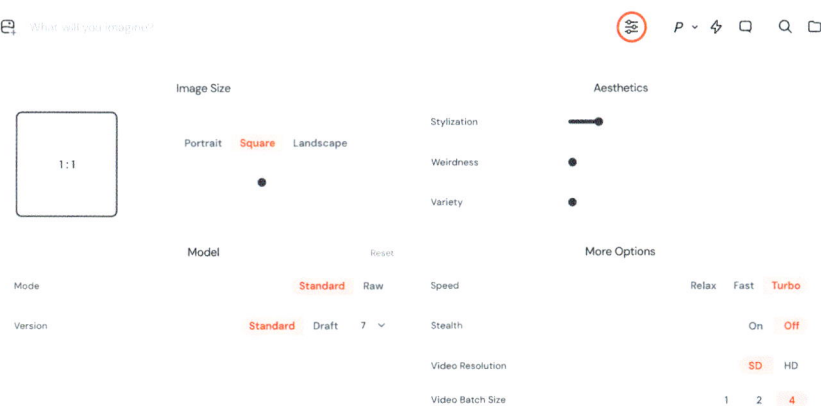

이미지 크기:
- 기본 종횡비를 변경하여 사용자에게 최적화된 화면 비율로 이미지를 볼 수 있도록 조정합니다.

모델:
- Raw 모드: 다양한 이미지 효과를 위해 켜거나 끌 수 있습니다.
- Midjourney 버전 선택: 이미지를 생성할 때 사용할 기본 Midjourney 버전을 선택합니다.
- 초안 모드: 빠른 프로토타입 제작을 위해 활성화합니다.

미학:
- Stylization 조정: 이미지를 예술적으로 표현하는 정도를 조절합니다.
- Weirdness 조정: 독특한 특징을 추가하여 이미지를 개성 있게 만듭니다.
- Variety 제어: 다양한 결과물을 얻기 위해 이미지 생성의 다양성을 조절합니다.

더 많은 옵션:
- 기본 GPU 속도 선택: 이미지 생성에 사용할 GPU 속도를 선택합니다.
- 스텔스 모드 활성화: (플랜에 따라) 창작물을 비공개로 유지합니다.

Creation Feed

"Create" 페이지의 핵심 기능은 제작 피드입니다. 이곳에서 이미지가 실시간으로 생성되는 과정을 확인할 수 있으며, 완성된 모든 작품을 다시 볼 수 있습니다. 피드의 이미지 위에 마우스를 올리면 Vary Subtle, Strong 버튼이 나타나 해당 이미지를 변형한 작품을 빠르게 만들 수 있습니다. 이미지 오른쪽에는 이미지 생성에 사용된 프롬프트 텍스트, 매개변수, 참조 이미지가 표시됩니다. 이 섹션 위에 마우스를 올리면 더 많은 바로가기 버튼을 사용할 수 있습니다. 이러한 기능을 통해 동일한 프롬프트를 즉시 다시 실행하거나, 프롬프트 텍스트와 이미지를 새로운 작품에 활용하고, 피드에서 이미지를 숨길 수 있습니다 (정리 페이지에서 숨김 해제 가능). 또한, 더 많은 옵션을 살펴볼 수도 있습니다.

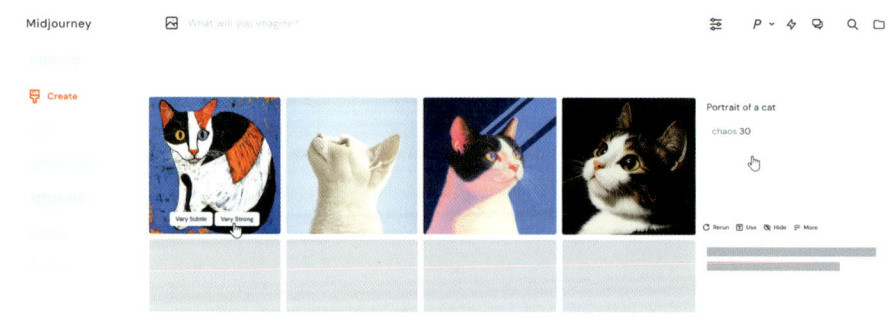

Creating in Folders

Midjourney에서 폴더는 컴퓨터의 폴더와 유사하게 작업 결과물을 정리하고 관리하는 데 유용합니다. 개별 폴더를 만들거나, 여러 폴더를 그룹으로 묶어 체계적으로 관리할 수 있습니다. 폴더를 효과적으로 활용하는 방법은 다음과 같습니다.

이미지 정리

이미지를 생성한 후에는 여러 폴더로 나누어 정리할 수 있습니다. 다양한 프로젝트나 스타일별로 파일 시스템을 구축해 보세요. 폴더 이름은 원하는 대로 지정하되, 각 폴더마다 고유한 이름을 부여하는 것이 좋습니다.

폴더 안에 이미지 생성

특정 폴더 안에서 직접 이미지를 생성할 수도 있습니다. 이렇게 하면 새로 만들어진 이미지가 해당 폴더에 자동으로 저장되어 관련 이미지를 한 곳에서 쉽게 찾고 관리할 수 있습니다.

폴더 접근

폴더는 "만들기" 페이지와 "정리" 페이지 모두에서 접근할 수 있습니다. 검색창 옆에 있는 폴더 버튼을 클릭하면 폴더 메뉴가 나타나고, 다시 클릭하면 메뉴가 닫힙니다. 새로운 폴더를 생성하려면 폴더 메뉴를 열고 "새 폴더" 버튼을 클릭하세요. 폴더에 고유한 이름을 입력한 후 키보드의 Enter 키를 누르면 새 폴더가 메뉴에 추가됩니다. 이때 새 폴더 옆에는 해당 폴더 안에 포함된 이미지의 개수가 숫자로 표시됩니다.

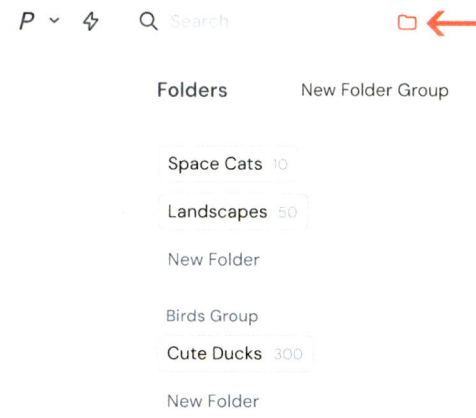

이미지 추가 및 제거

폴더에 이미지 추가하기
폴더에 이미지를 간편하게 추가하려면 구성 페이지로 이동하세요.

여러 이미지 한 번에 추가하기
- 여러 이미지를 선택하려면 키보드의 `Shift` 키를 누른 채로 이미지를 하나씩 클릭하세요.
- 또는 원하는 이미지 위에서 마우스를 클릭하고 드래그하여 선택할 수도 있습니다.
- 이미지를 선택한 후에는 폴더 메뉴가 열려 있는지 확인하고, 선택한 이미지를 원하는 폴더로 드래그하세요.
- 또는 이미지를 선택한 상태에서 화면 하단에 나타나는 일괄 작업 메뉴를 사용할 수도 있습니다. "더 보기"를 클릭한 다음 "폴더에 추가"를 클릭하고 원하는 폴더를 선택하면 됩니다.

개별 이미지 추가
폴더 메뉴에서 원하는 이미지를 클릭한 채로 폴더 안으로 끌어다 놓거나, 이미지를 마우스 오른쪽 버튼으로 클릭한 후 "추가…"를 선택하여 원하는 폴더를 지정할 수 있습니다.

이미지 제거
이미지를 제거하려는 폴더를 클릭하여 엽니다. 여러 이미지를 한 번에 제거하려면 제거할 이미지들을 선택한 후, 화면 하단의 일괄 작업 메뉴에서 "더 보기"를 클릭하고 "폴더에서 제거"를 선택하세요. 단일 이미지를 제거하려면 해당 이미지를 마우스 오른쪽 버튼으로 클릭한 후 "…에서 제거"를 선택하면 됩니다.

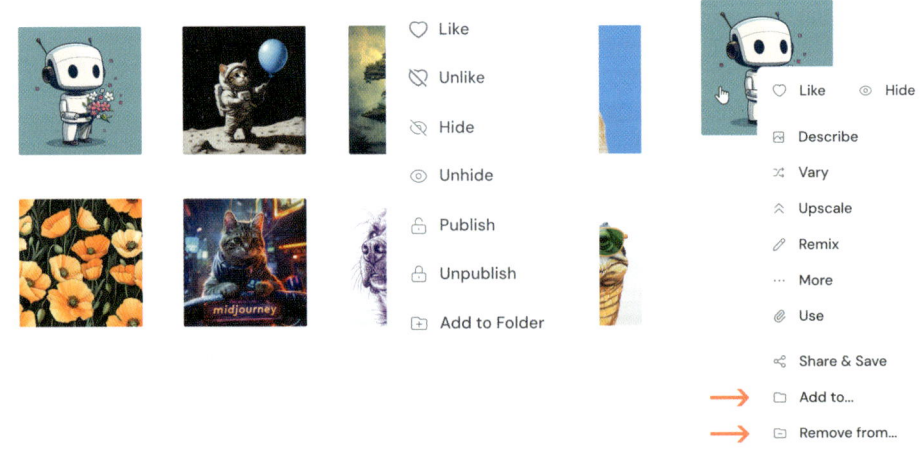

폴더에서 생성

폴더 안에 이미지를 직접 만드는 것은 쉽고, 전용 창의 공간에서 작업을 정리하는 데 도움이 됩니다.

폴더 들어가기

먼저 폴더 메뉴에서 폴더를 클릭하여 열고 폴더 안으로 들어가세요. 폴더 안에 들어가면 검색창 옆에 있는 폴더 버튼에 현재 폴더 이름이 표시되어 작업 내용이 어디에 저장되어 있는지 항상 알 수 있습니다.

생성 시작

화면 상단의 이미지 바를 사용하여 이미지 생성을 시작하세요. 폴더 안에 있는 동안에는 이미지 바 아래에 "생성 중..."이라는 표시가 나타나 이미지가 생성될 위치를 알려줍니다. 폴더 안에서 직접 이미지를 생성하는 것은 간단하며, 별도의 작업 공간을 마련하여 결과물을 정리하는 데 매우 유용합니다.

폴더 내 이미지 생성 중단

폴더 내에서 이미지 생성을 중지하려면 해당 폴더에서 나가야 합니다. 검색창 옆에 있는 폴더 버튼을 찾아 현재 폴더 이름 옆에 있는 "X" 표시를 클릭하세요. 웹사이트의 다른 페이지로 이동하더라도 "Imagine 바"에 입력된 메시지는 해당 폴더를 완전히 나갈 때까지 유지됩니다.

폴더 및 그룹 관리

폴더 이름 변경

폴더 이름을 바꾸려면 폴더 위에 마우스를 올려 놓으세요. 세 개의 점으로 된 아이콘이 나타나면 클릭하여 작은 메뉴를 열고 "이름 바꾸기"를 선택합니다. 원하는 새 이름을 입력한 후 키보드의 Enter 키를 눌러 저장하세요.

폴더 삭제

폴더를 삭제하려면 해당 폴더 위에 마우스를 올립니다. 나타나는 세 개의 점 아이콘을 클릭하고 작은 메뉴에서 "삭제"를 선택하세요. 폴더를 삭제해도 폴더 안의 이미지는 갤러리에 안전하게 보관되므로 걱정하지 않으셔도 됩니다.

폴더 전체 다운로드

폴더 내의 모든 이미지를 다운로드하려면, 폴더 위에 마우스를 올려 세 개의 점 아이콘을 클릭하세요. 작은 메뉴가 열리면 "다운로드"를 선택하여 폴더 안의 모든 이미지를 한 번에 다운로드할 수 있습니다.

폴더 그룹 생성

폴더 그룹을 만들려면 폴더 메뉴를 열고 "새 폴더 그룹" 버튼을 클릭하세요. 원하는 그룹 이름을 입력한 후 Enter 키를 눌러 저장합니다.

폴더 이동

폴더를 그룹 안팎으로 드래그 앤 드롭하여 간편하게 정리할 수 있습니다. 또는 폴더의 점 세 개 아이콘 메뉴에서 "이동"을 선택하고 원하는 그룹을 선택하여 이동할 수도 있습니다.

그룹 외 폴더 및 그룹 삭제

어떤 그룹에도 속하지 않은 폴더는 항상 폴더 메뉴 상단에 표시됩니다. 특정 그룹에서 모든 폴더를 제거하면 해당 그룹은 자동으로 삭제됩니다.

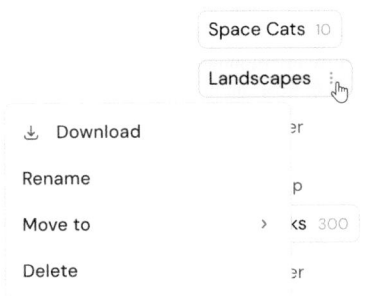

More Image Options

"Creation Feed"에서 이미지를 클릭하면 전체 화면으로 전환되어 다양한 옵션과 도구를 이용할 수 있습니다. 화면 상단의 프롬프트 텍스트 주변에는 유용한 기능들이 모여있는 도구 모음이 있습니다. 추가 옵션 버튼을 사용하면 프롬프트, 작업 ID, 시드, 이미지 또는 이미지 URL과 같은 중요한 정보를 복사할 수 있습니다 . 커뮤니티 가이드라인을 위반하는 이미지는 신고하고, 게시 또는 게시 취소, 다운로드, 숨기기 또는 숨기기 해제 를 선택할 수 있으며, Discord에서 생성된 경우 Discord에서 열 수도 있습니다.

그 옆에는 이미지를 다운로드하고, 커뮤니티에서 비슷한 이미지를 검색하고, 마음에 드는 이미지를 '좋아요'로 표시하는 아이콘이 있습니다.

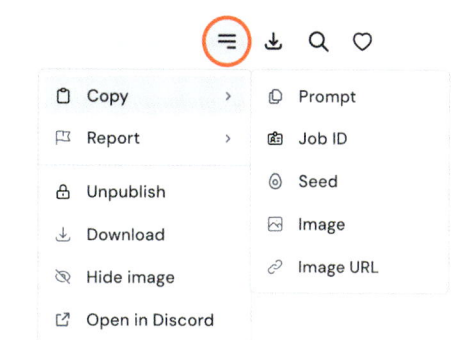

Draft Mode

Draft Mode는 GPU 비용을 절반으로 줄이면서 이미지를 빠르게 프로토타입으로 제작할 수 있는 방법입니다 (최대 10배 더 빠름!). 텍스트 또는 음성 기반의 대화형 모드를 통해 AI가 프롬프트 작성을 도와주어, 손쉽게 반복 작업을 수행할 수 있도록 지원합니다.

Draft Mode 사용

Draft Mode를 활성화하려면 만들기 페이지로 가서 막대에서 초안 모드 버튼을 클릭하세요. Draft Mode를 활성화하면 "Imagine 바"에 입력하는 모든 메시지가 Draft Mode로 처리됩니다. Draft Mode에서는 이미지가 훨씬 빠르게 생성되고 GPU 사용량도 줄어들기 때문에 새로운 아이디어를 실험하고 시도하기에 매우 적합합니다. "--draft" 파라미터를 모든 프롬프트에 추가하면, Draft Mode가 꺼져 있는 상태에서도 해당 프롬프트만 Draft Mode로 실행되도록 설정할 수 있습니다.

Enhance

마음에 드는 Draft 이미지가 있다면 "Enhance" 버튼을 사용해서 더 높은 품질의 이미지를 얻을 수 있습니다. 이 기능은 Draft 이미지와 매우 유사한 새로운 이미지 세트를 생성해 주지만, Draft Mode가 아닌 일반적인 프롬프트를 사용하는 것과 동일하게 표준 GPU 시간이 소요된다는 점을 기억해 주세요. Draft Mode에서 생성된 이미지의 품질이 낮다면 "Enhance" 버튼을 사용해도 퀄리티가 크게 향상되지 않을 수 있습니다. 즉, Draft Mode로 생성된 이미지는 기본적인 아이디어나 구도를 확인하는 용도로 적합하며, 최종 결과물로 사용하기에는 한계가 있을 수 있습니다. 고품질의 이미지를 얻기 위해서는 Draft Mode가 아닌 일반 모드에서 이미지를 생성하는 것이 좋습니다.

Draft   A sleek vector illustration of a cat astronaut floating in zero gravity, wearing a stylized space suit with a reflective visor, stars and planets in the background, clean lines, bold colors, minimalist design

Conversational Mode

대화 모드를 활용하면 평소 대화하듯이 AI에게 아이디어와 이미지를 설명할 수 있습니다. 그러면 AI가 사용자를 대신하여 필요한 프롬프트를 작성해 줍니다. "Imagine 바"에서 대화 모드 버튼을 클릭하여 이 기능을 활성화할 수 있습니다.

대화 모드 사용 방법
대화 모드는 다음과 같이 두 가지 방법으로 활용할 수 있습니다.

1. 텍스트 입력

"Imagine 바"는 AI와 아이디어를 공유하는 공간입니다. 떠오르는 생각을 자유롭게 입력하고 Enter 키를 누르세요.

2. 음성 입력

음성으로 아이디어를 전달하고 싶으신가요? 마이크 아이콘을 클릭하세요. 처음 사용할 때는 브라우저에서 마이크 사용 권한을 허용해야 할 수 있습니다. 생각을 말한 후, 마이크 아이콘을 다시 클릭하여 녹음을 중단하세요.

참고 사항

대화 모드는 한국어를 포함한 다양한 언어를 지원합니다! 대화 모드에서 특정 이미지를 수정하거나 변형하고 싶다면 "이미지 1", "이미지 2"와 같이 해당 이미지를 명확하게 지칭하세요. 예를 들어 "이미지 4의 변형 이미지를 만들어 줘"라고 말할 수 있습니다. 대화 모드에서는 이미지 수정에 필요한 내용을 전달할 수 있지만, 프롬프트를 직접 작성하는 기능은 제공되지 않습니다. 프롬프트를 직접 수정하려면 대화 모드를 종료해야 합니다. 초안 모드와 함께 또는 별도로 대화 모드를 사용할 수 있습니다.

Organizing

Organizing의 도구와 기능을 이용해 Midjourney에서 만든 모든 이미지를 쉽게 관리하세요! 이곳은 여러분의 모든 창작물을 관리할 수 있는 라이브러리입니다.

Filters

페이지 오른쪽에 있는 도구 모음에는 이미지를 필터링할 수 있는 다양한 옵션이 제공됩니다. 필터를 선택하면 선택한 필터 조건에 맞지 않는 다른 모든 작품은 일시적으로 화면에서 숨겨집니다.

프로필
"프로필" 탭에서는 사용자가 설정한 모든 개인 설정 프로필을 확인할 수 있습니다. 각 프로필 옆에 있는 확인란을 선택하면 해당 프로필을 사용하여 생성된 이미지들만 화면에 표시됩니다.

필터
각 섹션 내에서 여러 개의 상자를 선택하면, 선택한 항목 중 하나라도 일치하는 이미지가 표시됩니다. 만약 두 개 이상의 섹션에서 옵션을 선택하면 선택한 모든 항목과 일치하는 이미지만 나타납니다.

Search

정리 페이지 맨 위에는 사용자의 개인 이미지 컬렉션에 특화된 검색창이 마련되어 있습니다.

Search
midjourney.com의 다른 기능들을 통해 다른 사용자들이 생성한 이미지를 검색할 수 있지만, 정리 페이지의 검색 기능은 사용자가 직접 제작한 작품에만 집중합니다. 프롬프트 텍스트에 포함된 단어나 구문을 사용하여 검색할 수 있으며, "--chaos 10"과 같은 매개변수를 활용하여 원하는 이미지를 더욱 정확하게 찾아낼 수 있습니다.

Saved Searches

저장된 검색 기능을 활용하면 이미지를 매우 편리하게 정리할 수 있습니다. 이 기능을 통해 이미지를 수동으로 추가하거나 삭제할 필요 없이, 입력한 검색어를 기준으로 모든 항목이 자동으로 분류됩니다.

저장된 검색을 설정하면 검색어를 모두 포함하는 프롬프트만 표시됩니다. 이때 검색어의 순서는 중요하지 않습니다. 예를 들어, "고양이 개"를 검색어로 설정하면 프롬프트에 "고양이"와 "개" 두 단어가 모두 포함된 이미지가 검색 결과로 나타납니다.

만약 두 단어 중 하나라도 포함된 검색 결과를 원한다면 검색어를 쉼표로 구분하여 입력하세요. 또한, 저장된 검색은 단어의 일부도 검색합니다. 따라서 "cat"을 검색어로 입력하면 "catapult"도 검색 결과에 포함됩니다.

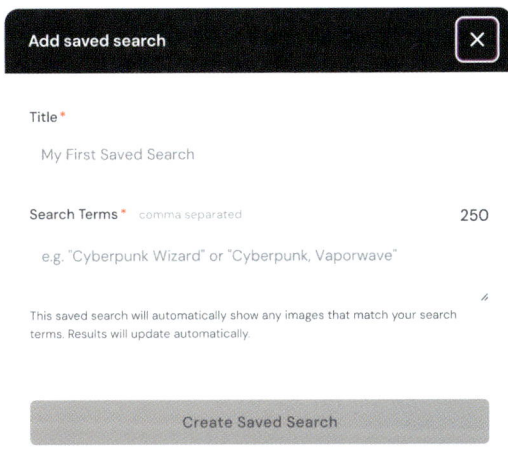

대량 작업

클릭 후 드래그하거나 Shift 키를 누른 채 클릭하는 방식으로 여러 이미지를 한 번에 쉽게 선택할 수 있습니다. 특정 날짜에 생성된 모든 이미지를 선택하려면 날짜 옆에 있는 더하기(+) 아이콘을 클릭하세요. 이미지를 선택하면 화면 하단에 일괄 작업 팝업이 나타납니다. 이 팝업에는 선택된 이미지 개수와 함께 다양한 작업 옵션이 표시됩니다. 이미지를 바로 다운로드할 수도 있고, "더 보기" 버튼을 클릭하여 폴더에 추가/삭제, 게시/게시 취소, 숨기기/숨기기 해제, 좋아요/좋아요 취소 등 추가 작업을 수행할 수 있습니다.

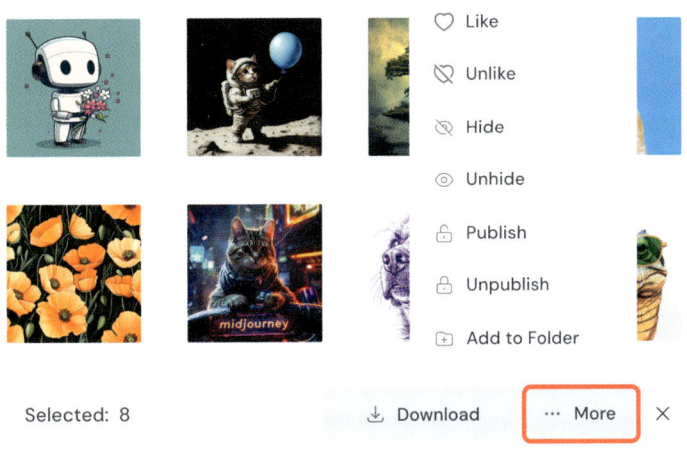

Hiding & Deleting Images

Midjourney 웹사이트에서는 현재 이미지를 삭제하는 기능은 제공되지 않습니다. 하지만 "정리" 페이지를 깔끔하게 관리하고 싶다면 이미지를 숨기는 방법을 활용할 수 있습니다. 이미지를 숨기면 사용자 본인의 화면에서는 보이지 않게 되지만, 이미지는 여전히 공개 상태로 유지되어 다른 Midjourney 사용자는 계속 볼 수 있습니다. 숨겨진 이미지를 다시 확인하고 싶다면 "숨김" 체크박스 필터 옵션을 선택하여 표시할 수 있습니다.

Part 2
미드저니 이미지 만들기

Prompt Basics
미드저니 주얼리 프롬프트의 '기본 구조'
고급 프롬프트
이미지 수정하기
Parameter (매개변수)

Part 2
미드저니 이미지 만들기

Prompt Basics

프롬프트는 주얼리 디자인 창작의 핵심 요소입니다. 단어를 활용하여 독창적이고 매력적인 주얼리 디자인 이미지를 제작하는 방법을 살펴보겠습니다.

프롬프트란 무엇인가요?

Midjourney에서 이미지를 생성하려면 먼저 "프롬프트"를 작성해야 합니다. 프롬프트는 Midjourney에게 어떤 이미지를 원하는지 알려주는 일종의 지시문입니다. 간단한 단어일 수도 있고, 상세한 문장일 수도 있습니다. 프롬프트에 원하는 이미지를 구체적으로 묘사할수록 더욱 독창적이고 흥미로운 결과물을 얻을 수 있습니다. 시간을 들여 어떤 이미지를 만들고 싶은지 충분히 생각하고, 그 생각을 바탕으로 Midjourney가 창의적인 이미지를 생성하도록 안내해 보세요.

```
vibrant California poppies
```

시작은 간단하게

Basic prompt
Jewelry Ring Design, Rose Gold Titanium, Diamonds, Simple Luxury Style

프롬프트 팁 및 요령

미드저니에서는 간결하고 명확한 프롬프트로도 멋진 주얼리 디자인 이미지를 만들 수 있습니다. 원하는 디자인을 정확하게 설명하는 문구를 사용하고, 아이디어를 핵심적으로 요약하는 것이 좋습니다. 너무 장황하거나 세부적인 설명은 오히려 혼란을 줄 수 있습니다. 물론, 최신 버전에서는 자연어 이해도가 높아져서 딱딱한 형식에 얽매이지 않아도 훌륭한 결과물을 얻을 수 있습니다.

정확한 단어 선택의 중요성

프롬프트에 사용하는 단어는 결과물에 큰 영향을 미칩니다. 일반적인 단어 대신 구체적인 동의어를 활용해 보세요. 예를 들어 "큰 보석" 대신 "웅장한 보석", "거대한 보석", "엄청나게 큰 보석" 등으로 표현하면 더욱 생생한 이미지를 얻을 수 있습니다. 정확한 단어를 사용하면 미드저니가 여러분의 의도를 더욱 잘 이해하고, 원하는 디자인에 가까운 결과물을 만들어낼 수 있습니다.

미드저니 주얼리 프롬프트 작성 시 고려 사항

- **수량을 명확하게 표현하세요.** "여러 개의 반지"처럼 복수형으로 표현하면 의미가 모호해질 수 있습니다. 대신 "세 개의 다이아몬드 반지"처럼 구체적인 숫자를 사용하거나, "많은 보석" 대신 "보석 뭉치"처럼 집합 명사를 활용하는 것이 좋습니다.
- **원하는 디자인에 집중하세요.** "투박한 디자인은 제외하고"와 같이 원하지 않는 것을 설명하기보다는 "섬세하고 우아한 디자인"처럼 원하는 디자인을 명확하게 설명해야 합니다. 특정 요소를 제외하고 싶다면 'no' 매개변수를 활용하는 방법을 참고하세요.
- **프롬프트 길이와 세부 정보를 조절하세요.** 프롬프트는 간단하게 "진주 귀걸이"처럼 단어 하나로도 충분할 수 있습니다. 짧은 프롬프트는 미드저니의 기본 스타일로 이미지를 채우도록 유도합니다. 하지만 "18K 골드에 박힌 에메랄드 반지"처럼 특정 요소가 중요하다면 반드시 포함해야 합니다. 세부 정보가 적을수록 다양성은 높아지지만, 결과에 대한 통제력은 줄어듭니다.

이러한 가이드라인을 바탕으로 다양한 프롬프트를 시도해 보면서 자신만의 스타일을 찾아나가시길 바랍니다.

미드저니 주얼리 프롬프트의 '기본 구조'

[아이템·주제], [재질], [형태·디자인 포인트], [스타일·분위기], [조명], [배경], [촬영·렌더링 세부], --ar [비율] --v [버전]

이렇게 핵심을 7 블록으로 나누어 채워 넣으면, 어떤 주얼리 콘셉트에도 빠르게 응용할 수 있습니다.

구분	포함 내용	예시 키워드	Example Keywords
아이템·주제	무엇을 만들지	반지, 귀걸이, 목걸이	ring, earrings, pendant
재질	금속·보석·특수 소재	18K 화이트골드, 흑요석, 레진	18k white gold, obsidian, resin
형태·디자인 포인트	실루엣·세공 특징	텐션 세팅, 유기적 곡선	tension setting, organic curves
스타일·분위기	전반적 무드	미니멀, 럭셔리, 레트로	minimalist, luxurious, retro
조명	빛의 질감·방향	소프트 박스, 리무브 리플렉션	soft studio lighting, rim-light
배경	컬러·재질·심도	차콜 그라데이션, 무광 블랙	charcoal gradient backdrop
촬영·렌더링 세부	해상도·렌더링	8K, 초고해상도, 인물 없음	8K ultra-sharp, no people
파라미터	비율·버전·스타일	--ar 3:2, --v 7	--ar 3:2, --v 7

prompt

Minimalist diamond engagement ring | 18k white gold | knife-edge band with tension setting | modern high-end jewelry photography | soft studio lighting | charcoal gradient backdrop | 8K ultra-sharp | no people --ar 1:1 --v 7
미니멀 다이아몬드 약혼반지 | 18K 화이트골드 | 날렵한 나이프엣지 밴드와 텐션 세팅 | 현대적 하이엔드 주얼리 사진 | 부드러운 스튜디오 조명 | 차콜 그라데이션 배경 | 8K 초고해상도 인물 없음 --ar 1:1--v 7

동일한 프롬프트에서 각 요소를 조금씩 바꿔보거나 여러 요소를 조합하는 방식으로 프롬프트를 수정하면 정말 다양한 이미지를 만들어낼 수 있습니다.

earrings / 귀걸이로 변경

prompt

Minimalist diamond engagement **earrings**, 18k white gold, knife-edge band with tension setting, modern high-end jewelry photography, soft studio lighting, charcoal gradient backdrop, 8K ultra-sharp, no people --v 7

위에서 제시된 예시 키워드들은 참고 자료일 뿐입니다. 여러분의 풍부한 상상력을 마음껏 펼쳐 다양한 프롬프트를 직접 만들어 보시고, 멋진 이미지를 창조해 보세요!

고급 프롬프트

기본 프롬프트에 익숙해지셨다면, 이제 좀 더 고급 옵션들을 활용해 볼 차례입니다! 이미지 프롬프트를 한 개 이상 추가하거나, 다채로운 텍스트 구문을 사용하고, 매개변수 도구를 적용해 보세요. 훨씬 복잡하고 구체적인 이미지를 만들어낼 수 있을 뿐만 아니라, 여러 요소를 조합하며 창의력을 마음껏 펼칠 수 있습니다.

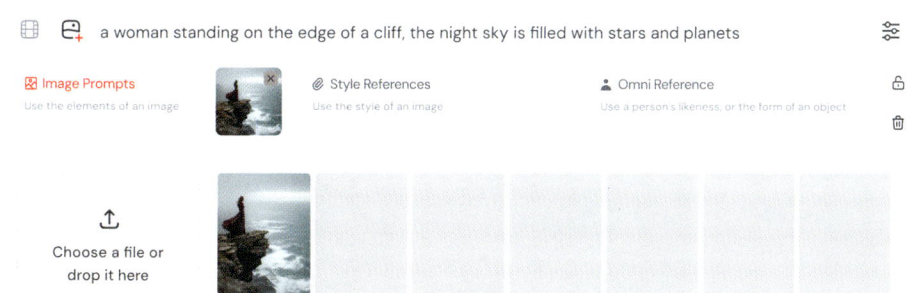

텍스트 프롬프트
머릿속에 그리고 있는 이미지를 텍스트로 자세히 설명하는 것입니다. 앞으로 나올 프롬프트 활용 팁과 요령을 잘 익히면 멋진 이미지를 만들어내는 데 큰 도움이 될 거예요!

이미지 프롬프트
프롬프트에 이미지를 추가하면 결과물의 스타일과 내용에 영향을 줄 수 있습니다. 이미지 프롬프트, 스타일 참조, 캐릭터 참조 등을 통해 이미지를 활용할 수 있습니다.

매개변수
이미지 생성 방식을 세밀하게 조정하는 도구입니다. 가로 세로 비율 등을 원하는 대로 설정하여 이미지를 더욱 정교하게 만들 수 있으며, 매개변수는 프롬프트의 맨 마지막에 추가합니다.

이미지 프롬프트 예시

prompt
Minimalist diamond engagement earrings, 18k white gold, knife-edge band with tension setting, modern high-end jewelry photography, soft studio lighting, charcoal gradient backdrop, 8K ultra-sharp, no people --raw --stylize 150

이미지 가중치 파라미터인 `--iw`를 사용하면 이미지 프롬프트가 최종 이미지에 얼마나 영향을 줄지 조절할 수 있습니다. 또한, 기본 파라미터인 `--ar`(비율) 역시 이미지 변화에 큰 영향을 미칩니다.

prompt --ar 3:2

Minimalist diamond engagement earrings, 18k white gold, knife-edge band with tension setting, modern high-end jewelry photography, soft studio lighting, charcoal gradient backdrop, 8K ultra-sharp, no people --raw --stylize 150 --ar 3:2

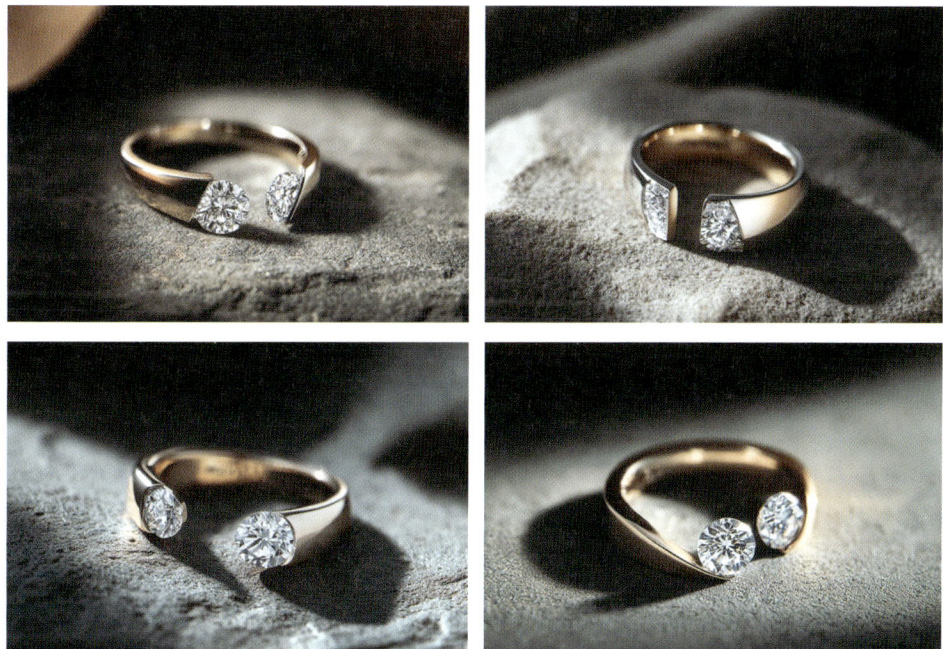

이미지 수정하기

이제 생성한 이미지를 수정하고 발전시켜 볼 차례입니다. Midjourney는 이미지를 다듬고 개선할 수 있는 다양한 도구를 제공합니다. 이미지를 열어보면 여러 가지 옵션이 나타나는데, 그중 '만들기 작업' 기능들을 간단히 소개해 드리겠습니다.

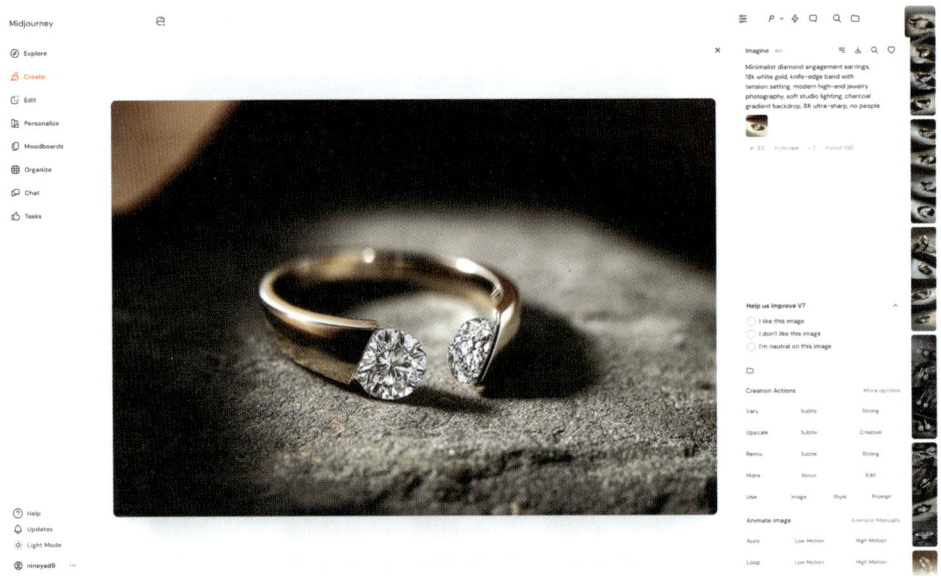

Variations

Midjourney의 Variations (Vary) 기능을 사용하면 미묘하거나 강렬한 차이를 가진 여러 버전의 이미지를 만들 수 있습니다. 특히 원본 이미지에 만족하지만 더 나은 결과물을 위해 어떤 변화를 줄지 고민될 때 유용합니다.

주얼리 디자인의 다양한 시안을 만들어본다고 상상해 보세요. 이제 각 시안을 조금씩 수정하여 디테일을 변경하거나, 보석의 종류를 바꿔보며 새로운 느낌을 연출하고 싶을 겁니다. Midjourney의 변형 기능은 생성된 주얼리 이미지에 바로 이러한 효과를 제공합니다. 섬세한 세공이나 보석의 배치, 전체적인 디자인 구성을 변경하여 동일한 디자인의 다양한 버전을 만들 수 있습니다.

변형을 주얼리 디자인의 창의적인 도구로 생각해 보세요. 변형은 처음부터 새로운 디자인을 구상하지 않고도, 작은 수정이나 큰 변화를 통해 주얼리 디자인의 여러 버전이 어떻게 보일지 살펴볼 수 있도록 도와줍니다. 이를 통해 디자인의 가능성을 탐색하고, 다양한 시안을 만들어 낼 수 있습니다.

미묘한 변화 Subtle Variations
미묘한 변화만으로도 이미지에 작고 세밀한 변화를 줄 수 있습니다. 전체적인 이미지는 마음에 들지만, 전체적인 디자인을 바꾸지 않고 작은 부분만 수정하고 싶을 때 유용합니다.

강한 변형 Strong Variations
강렬한 변형은 주요 주제를 유지하면서 이미지를 더욱 눈에 띄게 변화시킵니다. 핵심 아이디어는 그대로 유지하면서 시각적인 요소는 새로운 방식으로 변화합니다. 이는 원래 컨셉을 유지하면서 대담하고 창의적인 가능성을 모색하기에 이상적입니다.

Vary　　　　Subtle　　　　Strong

만들기 또는 정리 페이지에서 만든 이미지를 클릭하세요. 이미지가 열리고 더 많은 옵션이 표시됩니다.

다음으로, 홈페이지 왼쪽 "Creation Actions" 섹션을 찾아 "Vary" 옵션을 확인하세요. "Subtle" 또는 "Strong"을 선택하면 변형이 즉시 생성됩니다.

바로 Vary 옵션을 찾을 수 없다면, "추가 옵션"을 클릭하고 Vary 옆에 체크 표시를 하면 나타납니다.

prompt

Jewelry photography, close-up of a ring with a diamond in the middle and a hue for women, rose gold color tone, ring lying on a table, dark background, high resolution, product shot, studio lighting, professional photo. --raw --stylize 150

Subtle Variations

Strong Variations

Upscalers

Midjourney 업스케일링 도구를 사용하면 이미지를 더 크고 선명하게 만들 수 있습니다.

업스케일러란?

마음에 드는 Midjourney 이미지를 생성했다면, 더 큰 크기로 저장하거나 공유하고 싶을 수 있습니다. 이때 사용하는 것이 업스케일링 기능입니다. 업스케일링을 통해 이미지 크기를 확대하여 다운로드하거나 공유하기에 적합한 상태로 만들 수 있습니다. Midjourney의 각 버전은 기본 이미지 크기가 다르며, 각각 고유한 업스케일러를 제공합니다.

최신 Midjourney 버전에서는 기본적으로 1024 x 1024 픽셀 크기의 이미지가 생성됩니다 (기본 종횡비 기준). Creative 및 Subtle 업스케일러를 사용하면 이미지를 2048 x 2048 픽셀까지 확대할 수 있습니다. 종횡비를 변경하여 작업하는 경우에는 이미지 크기가 달라질 수 있습니다. 버전 6을 기준으로 일반적인 종횡비에 따른 이미지 크기 변화는 다음 표를 참고하세요.

종횡비	초기 이미지	Subtle/Creative Upscale
1:1	1024 x 1024 픽셀	2048 x 2048 픽셀
4:3	1232 x 928 픽셀	2464 x 1856 픽셀
2:3	896 x 1344 픽셀	1792 x 2688 픽셀
16:9	1456 x 816 픽셀	2912 x 1632 픽셀

업스케일은 단순히 이미지 크기를 키우는 것 이상의 의미를 가집니다. 업스케일링을 통해 생성된 이미지 스타일의 일관성을 유지하여, 동일한 컨셉의 이미지를 생성할 때 더욱 높은 품질의 결과물을 얻을 수 있습니다. 공식적인 내용은 아니지만, 사용자들 사이에서는 Midjourney가 업스케일 과정을 통해 학습한다고 여겨지기도 합니다.

Subtle vs Creative Upscale

Midjourney에서는 이미지를 업스케일(확대)하는 두 가지 옵션, 즉 "미묘한(Subtle)"과 "창의적인(Creative)" 옵션을 제공합니다. 두 옵션 모두 원본 이미지의 크기를 두 배로 확대합니다.

- **창의적인 업스케일러(Creative Upscaler)** 새로운 디테일이 추가되면서 이미지가 약간 변경될 수 있습니다. 즉, 원본 이미지와 유사하지만, 세부적인 부분에서 변화가 있을 수 있습니다.
- **미묘한 업스케일러(Subtle Upscaler)** 변경 사항을 최소화하여 원본 이미지의 모습을 최대한 그대로 유지합니다. 원본 이미지를 최대한 보존하면서 크기만 확대하고 싶을 때 유용합니다.

Upscale   Subtle   Creative

전문가 팁

크리에이티브 업스케일러를 사용하면 어색한 손 위치나 이상한 표정과 같은 이미지의 사소한 문제를 수정하는 데 도움이 될 수 있습니다. 업스케일을 여러 번 다시 실행할 수 있습니다. 매번 약간씩 다른 결과를 얻게 됩니다. 크리에이티브 또는 미묘한 업스케일을 실행할 때마다 GPU 시간이 소모된다는 점을 기억하세요.

prompt

A golden bracelet with opal inlay, adorned with diamonds, is displayed on an elegant display stand. The opals have soft pastel colors and create beautiful reflections of light when illuminated from above. They add a touch of luxury to the overall design. This fashion accessory includes high-quality photographic images. --ar 1:1 --raw --stylize 50 --v 7

Subtle Upscal

Creative Upscal

Remix

리믹스 기능은 Midjourney에서 이미지를 작업하는 동안 프롬프트 텍스트를 수정하거나 조정하여 이미지 결과를 변경하는 데 매우 유용합니다. 특히 다음과 같은 상황에서 활용할 수 있습니다.

"Create" 또는 "Organize" 페이지에서 생성한 이미지를 클릭하면 해당 이미지가 크게 열리면서 다양한 추가 옵션들이 나타납니다. 이 중에서 "제작 작업" 섹션으로 이동하여 "리믹스" 옵션을 찾아보세요. 리믹스 옵션에서는 원본 이미지와 얼마나 다른 이미지를 만들고 싶은지에 따라 "Subtle" 또는 "Strong"을 선택할 수 있습니다. 이 두 옵션은 변형 이미지(Variations) 기능과 동일한 방식으로 작동합니다. 만약 리믹스 옵션이 바로 보이지 않는다면, "추가 옵션"을 클릭한 후 리믹스 옆에 체크 표시를 하면 해당 옵션이 화면에 표시됩니다.

            Remix   Subtle   Strong

해당 버튼을 클릭하면 원본 프롬프트와 이미지가 "리믹스" 라벨과 함께 "Imagine 바"에 자동으로 입력됩니다. 이제 "Imagine 바"에서 프롬프트를 수정하고, 이미지 프롬프트, 개인화 코드, 스타일 레퍼런스 코드 등 다양한 파라미터를 적용하여 이미지를 변형할 수 있습니다.

Remix 적용 예

프롬프트 bracelet(팔찌) 에서 Earrings(귀걸이)로 변경

prompt

A golden **Earrings** with opal inlay, adorned with diamonds, is displayed on an elegant display stand. The opals have soft pastel colors and create beautiful reflections of light when illuminated from above. They add a touch of luxury to the overall design. This fashion accessory includes high-quality photographic images. --ar 1:1 --raw --stylize 50 --v 7

Subtle   Strong

Subtle은 원본 이미지와 유사한 스타일의 변형을 만들어내며, **Strong**은 변경된 프롬프트를 적극적으로 반영하여 이미지를 생성합니다.

비율변경 1:1에서 3:2 변경

이미지 비율을 변경하는 것만으로도 Vary 모드와 유사한 이미지 변형 효과를 낼 수 있습니다. 주얼리 디자인의 경우, 이미지 비율에 따라 주얼리가 부각되는 방식이나 배경과의 조화가 달라질 수 있으므로, 다양한 비율을 시도해 보는 것이 좋습니다.

Subtle   Strong

Pan

보석함 속에 놓인 주얼리를 촬영했는데, 주얼리 자체는 그대로 두고 보석함의 배경이나 주변 장식을 더 넓게 보여주고 싶다고 상상해 보세요. 패닝은 이미지의 "캔버스"를 원하는 방향으로 확장하는 것과 같습니다. 그러면 추가된 공간에는 프롬프트의 안내에 따라 원본 주얼리와 어울리는 새로운 디테일이 채워집니다. 핵심인 주얼리 디자인은 그대로 유지하면서, 주얼리가 놓인 환경이나 분위기를 더욱 풍부하게 표현할 수 있는 멋진 방법입니다.

패닝 기능을 주얼리 디자인에 적용하면 다음과 같은 효과를 얻을 수 있습니다.

- **주얼리 착용샷 연출** 주얼리 단독 샷에서 모델의 손목이나 목 부분까지 확장하여 실제 착용 모습을 보여줄 수 있습니다.
- **주얼리 디스플레이 확장** 주얼리가 놓인 배경을 확장하여 고급스러운 분위기를 연출하거나, 다양한 소품을 추가하여 스타일링을 강조할 수 있습니다.
- **주얼리 컬렉션 표현** 여러 개의 주얼리를 함께 배치하고 패닝하여 컬렉션 전체를 한 화면에 담아낼 수 있습니다.

패닝 기능을 통해 주얼리 디자인을 더욱 다채롭고 매력적으로 표현해 보세요!

prompt

A gold bracelet with opal inlay and diamonds on the band, displayed at an angle on top of its stand, against a blurred background of jewelry display tables, reflecting light from above, conveying luxury and elegance, in the style of product photography.

Zoom Out

자신이 만든 이미지를 불러와 마치 카메라 줌 아웃을 한 것처럼 넓은 시야를 확보해 보세요! 원본 이미지는 작아지고, 그 주변에 새로운 내용이 나타나는 모습을 상상하면 됩니다. 이 모든 과정은 원본 이미지 자체의 변형 없이, 원래의 제작 방식과 아이디어를 기반으로 진행됩니다.

주의할 점은 줌 아웃을 해도 이미지의 실제 픽셀 크기는 변하지 않는다는 것입니다. 중요한 것은 멋진 시각적 효과를 만들어내는 것이죠. 이미지가 더 자유롭게 확장되고 탐험할 수 있는 공간을 제공하는 데 의미가 있습니다.

Pen 기능과 마찬가지로 Zoom 기능 역시 현재는 편집 기능에 포함되어 있기 때문에 이전처럼 자주 사용되지는 않습니다. 하지만 생성된 주얼리 이미지에서 일부가 잘려나간 채로 만들어졌을 경우에는 Zoom 기능을 활용하여 이미지를 완성하는 데 유용하게 사용할 수 있습니다.

Parameter (매개변수)

매개변수는 이미지 결과물을 조절하는 데 사용하는 특별한 명령어와 같습니다. 이미지 모양을 바꾸거나 개인 설정 프로필을 활용하는 등 여러 설정을 나에게 맞게 변경할 수 있습니다. 매개변수는 항상 텍스트 프롬프트의 맨 마지막, 즉 원하는 내용을 다 설명한 다음에 추가해야 합니다. 예)어 "Jewelry Ring Design Rose Gold --ar 1:1"

주의할 점

- **매개변수는 꼭 맨 뒤에 작성합니다** 프롬프트 텍스트를 전부 쓴 다음에 매개변수를 추가해야 합니다.
- **공백을 잊지 마세요** 프롬프트 텍스트와 대시(--) 사이에 공백을 꼭 넣어주세요.
- **구두점은 쓰지 마세요** 매개변수에는 쉼표나 마침표 같은 구두점을 쓰지 않도록 주의하세요.

아래는 이미지 생성시 가장 기본이되는 Parameter입니다

image Size

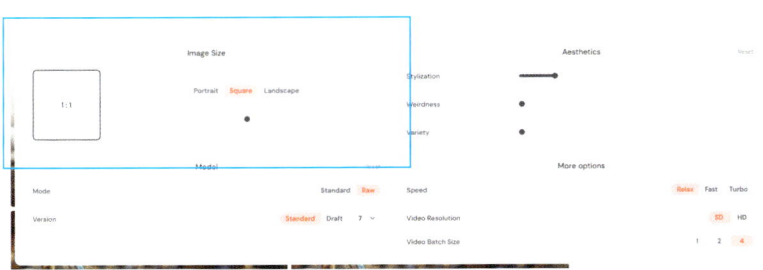

이미지의 가로 세로 비율을 조절하는 방법입니다.

왼쪽은 세로형 이미지, 오른쪽은 가로형 이미지를 만들 수 있으며, 원하는 비율로 설정하면 다음 이미지 생성 시에도 동일한 비율이 적용됩니다.

프롬프트 창에서도 `--ar` 파라미터를 사용하여 이미지 비율을 조절할 수 있습니다. 명령어는 `--ar 가로:세로` 형태로 사용합니다.

프롬프트 입력창과 설정창에서 비율을 각각 다르게 설정했을 경우에는 프롬프트 입력창에 입력한 값이 우선 적용됩니다. 예를 들어 설정창 사이즈가 3:2로 되어 있어도 프롬프트 창에 `--ar 2:3`을 입력하면 이미지는 2:3 비율로 생성됩니다.

비율은 정수로만 적용되며 소수점은 사용할 수 없습니다. `--ar 3.1:5.2` 대신 `--ar 31:52`와 같이 정수로 입력해야 합니다.

미드저니는 이미지 생성 시 설정된 비율의 전체 공간을 채우며 이미지를 생성하기 때문에 동일한 프롬프트라고 해도 생성되는 이미지 스타일이 크게 달라질 수 있습니다.

Aesthetics (미학)

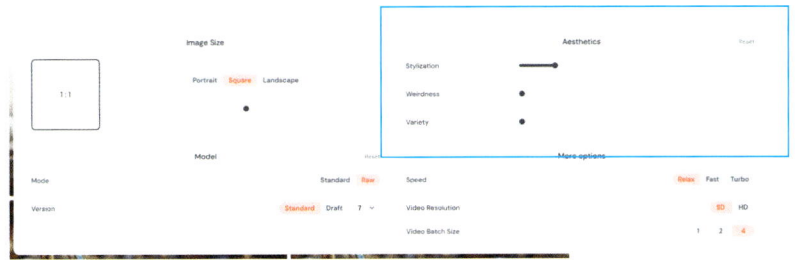

Stylize

스타일화는 이미지에 예술적 창의성을 얼마나 많이 적용할지 조절하는 슬라이더입니다.
스타일화 설정을 낮추면 프롬프트에 매우 충실한 이미지를 생성합니다.
스타일화 설정을 높이면 Midjourney가 아이디어를 더 자유롭게 해석, 이미지가 더 예술적이고 시각적으로 흥미롭게 보일 수 있지만, 프롬프트의 정확한 세부 사항에서 벗어날 수 있습니다.
따라서 stylize를 사용하면 이미지를 더 문자 그대로(프롬프트에 따라) 표현할지, 더 창의적이고 예술적으로 표현할지 선택할 수 있습니다.

스타일 지정의 기본값은 100이며, 0~1000 사이의 값으로 조정할 수 있습니다

prompt
Jewelry Ring Design, Rose Gold

--stylize 50   --stylize 250   --stylize 500   --stylize 1000

스타일라이즈(stylize) 값이 높아질수록 반지 디자인이 점점 더 화려해지는 것을 확인할 수 있습니다. 주얼리 디자인을 목적으로 스타일라이즈 값을 설정할 때는 낮은 값에서 현실적이고 미적인 완성도가 높은 디자인이 나오는 경향이 있으므로, 50에서 최대 300 사이의 값을 사용하는 것을 추천합니다.

'--stylize 50'과 '--s 50'은 동일한 의미로, 프롬프트 입력 시 '--s 50'으로 줄여서 입력할 수 있습니다.

Weird

'Weird'는 독특하고 기이한 느낌을 더해 이미지에 활력을 불어넣는 재미있는 도구입니다. 'Weird'를 사용하면 Midjourney에게 창의적인 모험을 함께 떠나자는 제안을 하는 것과 같습니다. 'Weird'는 좀 더 실험적이거나 틀을 깬 이미지를 만들 수 있게 해줘서, 창의적인 아이디어가 새롭고 흥미로운 영역으로 나아갈 수 있도록 도와줍니다! 기본적으로 'Weird' 값은 0으로 설정되어 있지만, 최대 3000까지 값을 추가할 수 있습니다. **다만, 정확한 목적을 가지고 이미지를 만드는 과정에서는 예상하기 어렵고 통제 불가능한 이미지가 나올 수 있기 때문에, 초기 아이디어를 떠올리는 단계에서는 괜찮지만 최종 이미지를 만들 때는 추천하지 않습니다.**

prompt
Jewelry Ring Design, Rose Gold

-weird 100   -weird 1000   -weird 2000   -weird 3000

Weird 값이 높아질수록 프롬프트에서 벗어난 과한 이미지가 생성됩니다

Chaos / Variety

Chaos (midjourney.com에서는 Variety라고도 불립니다)를 사용하면 각 프롬프트에서 얻는 이미지 결과에 더 많은 다양성을 추가할 수 있습니다. 기본적으로 Chaos는 0으로 설정되어 있고, Midjourney는 프롬프트에 따라 네 개의 이미지를 생성합니다. 각 이미지가 더욱 다르게 보이기를 원한다면 혼돈 레벨을 높이면 됩니다. 혼돈 값은 0에서 100 사이의 값으로 설정할 수 있지만, 값이 높아질수록 이미지가 상당히 달라질 수 있고 프롬프트에 맞춰 정확하게 표현되지 않아 예측하기 어려운 결과가 나올 수 있다는 점을 기억해야 합니다.

Weird와 성격은 비슷하지만 프롬프트의 범위 안에서 다양성을 만들어내기에 주얼리 디자인에 있어 Weird보다는 Chaos를 추천합니다

하지만 이역시 과하게 사용할 경우 이미지 컨트롤이 불가능하므로 초기 이미지 생성시와 적은 값을 사용하는 것을 추천합니다

prompt
Jewelry Ring Design, Rose Gold

--chaos 10   --chaos 50   --chaos 75   --chaos 100

Mode

미드저니는 Standard 모드와 Raw 모드, 이렇게 두 가지 모드를 선택해서 사용할 수 있습니다.

Standard 모드는 Midjourney 고유의 스타일이 강하게 반영되어 감성적이고 예술적인 이미지를 쉽게 만들 수 있다는 장점이 있습니다. 반면, **Raw 모드는 Standard 모드를 사용할 때 Midjourney가 이미지에 자동으로 적용하는 미적 스타일과 '미화'를 줄이고, 대신 프롬프트의 특정 세부 사항과 방향에 더 집중합니다.** 덕분에 최종 이미지를 더욱 세밀하게 제어할 수 있어서, 좀 더 구체적인 스타일이나 사실적인 표현이 가능합니다. 하지만 지시 사항이 명확하지 않거나 세부 사항이 부족하면 이미지가 시각적으로 만족스럽지 않을 수 있다는 점도 기억해야 합니다.

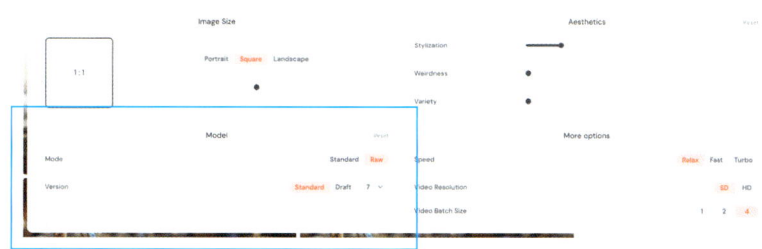

prompt
simple Jewelry Ring Design, Rose Gold

standard 모드

Raw 모드

Version

버전은 소프트웨어 업데이트와 비슷하다고 생각하시면 됩니다. 소프트웨어가 업데이트되면 더 나은 그래픽이나 새로운 기능이 추가되는 것처럼, Midjourney 버전은 시간이 지나면서 출시된 다양한 모델을 의미하며 각 모델은 고유한 기능을 가지고 있습니다. 각 버전마다 프롬프트를 다르게 처리하거나, 자신만의 예술적 스타일을 갖거나, 향상된 이미지 품질을 제공할 수 있습니다. 버전 7이 최신 모델이지만, 기본 버전은 6.1로 설정되어 있습니다. 따라서 새로운 모델을 사용하려면 수동으로 설정을 변경해야 합니다. 특히 버전 7을 사용하기 위해서는 이미지 쌍의 순위를 매겨 V7 글로벌 개인 설정 프로필을 잠금 해제해야 합니다.

이는 개인적인 취향이지만 V7 버전은 인물 중심의 업데이트가 된듯합니다. 주얼리 디자인의 경우 주얼리 이미지에 먼지, 스크래치 같은 인의적인 자연스러움을 추가한 이미지가 많이 생성됩니다. 매번 그러는것은 아니지만 빈도가 높은거 같은지 V7과 V6.1을 같이 사용하는걸 추천드립니다

GPU Speed (Fast, Relax, Turbo)

Midjourney는 강력한 GPU(그래픽 처리 장치)를 활용하여 사용자가 입력한 메시지를 분석하고 이미지로 변환해 줍니다. Midjourney에 가입하는 것은 이러한 GPU를 사용할 시간을 구매하는 것과 같습니다. GPU 사용 시간은 Fast, Relax, Turbo, 이렇게 세 가지 속도 중에서 선택할 수 있습니다.

빠른 모드
빠른 모드를 사용하면 한 달에 15시간의 빠른 시간을 사용할 수 있습니다. 이는 Midjourney 구독을 통해 매달 제공되는 정해진 양의 GPU 시간입니다. 구독이 갱신될 때마다 빠른 시간은 초기화되며, 사용하지 않은 시간은 다음 달로 이월되지 않습니다.

릴렉스 모드
릴렉스 모드는 스탠다드, 프로, 메가 플랜 사용자만 이용할 수 있습니다. 릴렉스 모드로 전환하면 무제한으로 릴렉스 시간을 사용할 수 있습니다. 즉, 패스트 시간을 소모하지 않고도 매달 원하는 만큼 이미지를 만들 수 있습니다. 하지만 단점은 패스트 모드에 비해 이미지 생성 시간이 더 오래 걸린다는 점입니다.

터보 모드
터보 모드는 이미지를 초고속으로 처리할 수 있게 해줍니다. 터보 모드로 전환하면 빠른 속도를 사용하게 되며, 이 모드는 고속 모드보다 최대 4배 빠른 이미지 생성이 가능합니다.

터보 모드는 각 이미지에 대해 빠른 작업 시간을 두 배로 사용합니다. 터보 GPU를 사용할 수 없거나 이전 버전을 사용하는 경우에는 작업이 자동으로 빠른 모드로 전환됩니다.

Part 3
주얼리 이미지 만들기

주얼리 디자인 미드저니 프롬프트 구조

Part 3

주얼리 이미지 만들기

주얼리 디자인 미드저니 프롬프트 구조

[주얼리 종류] + [디자인 스타일 및 특징] + [소재 및 재질] + [세부 장식 및 가공 기법] + [영감 및 컨셉 요소] + [조명과 분위기] + [배경]

주얼리 디자인을 위한 미드저니 프롬프트 작성 가이드입니다. 이 구성은 주얼리 이미지를 생성할 때 구체적이고 다채로운 결과를 얻기 위해 사용됩니다. 각 항목은 원하는 주얼리의 종류, 디자인 스타일, 소재, 장식, 영감, 분위기, 색상, 배경, 촬영 방식, 이미지 품질 등을 세밀하게 지정하여 미드저니에게 정확한 이미지를 생성하도록 안내합니다. 이 가이드를 활용하면 상상하는 주얼리 디자인을 더욱 현실감 있게 구현할 수 있습니다.

주얼리 종류

[주얼리 종류] + [디자인 스타일 및 특징] + [소재 및 재질] + [세부 장식 및 가공 기법] + [영감 및 컨셉 요소] + [조명과 분위기] + [배경]

주얼리를 손, 목, 귀, 몸, 헤어의 5가지 주요 분류로 나누고, 각 분류 내에 대표적인 세부 종류와 미드저니에 바로 사용할 수 있는 핵심 키워드를 정리했습니다. 원하는 아이템을 선택한 후, 표에 제시된 키워드를 소재, 스타일, 조명, 배경 등과 조합하여 프롬프트를 작성하면, 더욱 빠르고 정확하게 원하는 주얼리 이미지를 생성할 수 있습니다.

1. 손 주얼리 (Hand Jewelry)

▶ 반지 (Ring)
▶ 밴드링 (Band Ring)
▶ 솔리테어 링 (Solitaire Ring, 단독 스톤)
▶ 클러스터링 (Cluster Ring, 작은 보석 군집)
▶ 시그넷링 (Signet Ring, 문장이나 이니셜 각인)
▶ 커플링, 결혼반지 (Wedding Band, Couple Ring)
▶ 칵테일링 (Cocktail Ring, 장식적인 큰 링)
▶ 오픈링 (Open Ring, 개방형 디자인)
▶ 너클링 (Knuckle Ring, 손가락 중간 마디에 착용)

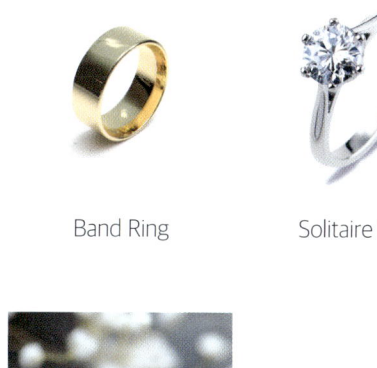

Band Ring   Solitaire Ring   Cluster Ring   Signet Ring

Wedding Band   Cocktail Ring   Open Ring   Knuckle Ring

팔찌 (Bracelet)

▶ 뱅글 (Bangle, 견고한 형태)
▶ 체인 팔찌 (Chain Bracelet)
▶ 참 팔찌 (Charm Bracelet)
▶ 커프 팔찌 (Cuff Bracelet, 개방형 두꺼운 형태)
▶ 테니스 팔찌 (Tennis Bracelet, 다이아몬드 세팅 일자형)
▶ 슬라이더 팔찌 (Slider Bracelet, 조절 가능한 끈)

| Bangle | Chain Bracelet | Charm Bracelet | Cuff Bracelet |

| Tennis Bracelet | Slider Bracelet |

2. 목 주얼리 (Neck Jewelry)

목걸이 (Necklace)

▶ 펜던트 목걸이 (Pendant Necklace)
▶ 체인 목걸이 (Chain Necklace)
▶ 초커 (Choker, 짧고 목에 꼭 맞는 형태)
▶ 라리아트 목걸이 (Lariat Necklace, Y자형 디자인)
▶ 레이어드 목걸이 (Layered Necklace)
▶ 스테이트먼트 목걸이 (Statement Necklace, 화려하고 존재감 강함)

   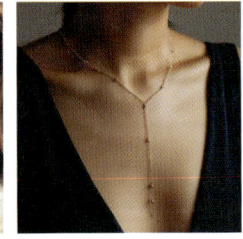

| Pendant Necklace | Chain Necklace | Choker | Lariat Necklace |

Layered Necklace   Statement Necklace

펜던트 (Pendant)

▶ 메달 펜던트 (Medal Pendant, 각인이나 문양 중심)
▶ 로켓 펜던트 (Locket Pendant, 사진이나 메모리 보관)

Medal Pendant   Locket Pendant

3. 귀 주얼리 (Ear Jewelry)

귀걸이 (Earrings)

▶ 스터드 귀걸이 (Stud Earrings, 작은 장식이 귀에 밀착)
▶ 후프 귀걸이 (Hoop Earrings, 링 형태)
▶ 드롭 귀걸이 (Drop Earrings, 장식이 귀 아래로 늘어지는 형태)
▶ 샹들리에 귀걸이 (Chandelier Earrings, 화려하고 큰 장식)
▶ 이어커프 (Ear Cuff, 귀를 감싸는 형태)
▶ 이어클라이머 (Ear Climber, 귀를 따라 올라가는 디자인)
▶ 하프문 귀걸이 (Half-Moon Earrings, 반달 형태 디자인)

Stud Earrings　　Hoop Earrings　　Drop Earrings　　Chandelier Earrings

 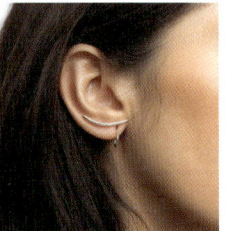 

Ear Cuff　　Ear Climber　　Half-Moon Earrings

4. 몸 주얼리 (Body Jewelry)

브로치 (Brooch)

▶ 핀 브로치 (Pin Brooch, 옷에 고정 가능한 핀)
▶ 스테이트먼트 브로치 (Statement Brooch, 큰 장식적 디자인)
▶ 바디 체인 (Body Chain)
▶ 허리 체인 (Waist Chain)
▶ 숄더 체인 (Shoulder Chain)
▶ 앵클릿 (Anklet, 발목 장식)

Pin Brooch　　Statement Brooch　　Body Chain　　Waist Chain

Shoulder Chain

Anklet

5. 헤어 주얼리 (Hair Jewelry)

티아라 (Tiara, 왕관 형태)

▶ 헤어핀 (Hairpin, 장식적 머리핀)
▶ 헤어 콤브 (Hair Comb, 장식적 빗 형태)
▶ 헤어밴드 (Headband, 밴드 형태 장식)

Hairpin

Hair Comb

Headband

디자인 스타일 및 특징

[주얼리 종류] + **[디자인 스타일 및 특징]** + [소재 및 재질] + [세부 장식 및 가공 기법] + [영감 및 컨셉 요소] + [조명과 분위기] + [배경]

주얼리 디자인을 위한 미드저니 프롬프트 작성에 유용한 키워드들을 정리한 것입니다. 각 키워드는 특정 스타일, 특징, 또는 영감을 나타내며, 이를 조합하여 다양한 주얼리 이미지를 생성할 수 있습니다.

이러한 디자인 스타일 정보는 미드저니에게 어떤 분위기와 형태의 주얼리를 생성해야 하는지 명확하게 지시해 줍니다. 따라서, 사용자는 자신이 원하는 디자인 컨셉에 맞춰 다양한 스타일과 특징을 조합하여 독창적인 주얼리 이미지를 만들어낼 수 있습니다.

Keyword		설명
timeless heritage elegance	타임리스 헤리티지 우아함	클래식·왕실 무드
iconic motif sophistication	아이코닉 모티프 세련미	팬더·클로버 같은 시그니처 형태
haute jewellery couture detail	하이주얼리 쿠튀르 디테일	극도로 정교한 세공
maison signature geometry	메종 시그니처 기하학	브랜드 특유 대칭·패턴
sculpted Art-Deco luxury	조각적 아르데코 럭셔리	1920s 계단형 라인
serpentine fluid curves	뱀형 유려한 곡선	불가리-풍 곡선
enamel-and-pave brilliance	에나멜 + 파베 광채	컬러 에나멜 + 다이아 파베
bold gemstone centerpiece	대형 젬스톤 포인트	한눈에 보이는 주석(主石)
mirror-finish precious metal	귀금속 미러 피니시	고광택 플래티넘·골드
poetic nature-inspired	시적인 자연 영감	꽃·별·물결 등 유기 라인
celestial haute elegance	천체 하이 엘레강스	성운·별 모티프, 미드나잇 톤
red-carpet glamour statement	레드카펫 글래머 포인트	대담한 광채, 화려한 존재감

디자인 스타일별 차별성을 보여주기 위해 스타일 요소를 제외한 나머지 프롬프트는 동일하게 적용한 예시입니다.

prompt
jewelry earrings, polished white gold, **[디자인 스타일 및 특징]** soft studio rim-light, ultra-high resolution, no people --ar 3:2 --raw --stylize 150

timeless heritage elegance

iconic motif sophistication

haute jewellery couture detail

serpentine fluid curves

enamel-and-pave brilliance

bold gemstone centerpiece

poetic nature-inspired

celestial haute elegance

디자인 스타일 및 특징

[주얼리 종류] + [디자인 스타일 및 특징] + **[소재 및 재질]** + [세부 장식 및 가공 기법] + [영감 및 컨셉 요소] + [조명과 분위기] + [배경]

주얼리 디자인에서 소재는 이미지 생성 시 전체적인 분위기를 좌우하는 매우 중요한 요소입니다. 동일한 프롬프트를 사용하더라도 어떤 소재를 선택하느냐에 따라 이미지의 배경은 물론 디자인까지 크게 달라질 수 있습니다.

분류	대표 소재	Keyword
귀금속 Precious Metals	옐로골드·로즈골드·화이트골드 / Yellow-, Rose-, White Gold 플래티넘 / Platinum 팔라듐 / Palladium 파인 실버(순은) / Fine Silver	polished yellow-gold, brushed platinum, mirror-finish white-gold
대체·컬러 금속 Alternative Metals	티타늄 / Titanium 스테인리스 스틸 / Stainless Steel 텅스텐 / Tungsten 니오븀·탄탈럼 / Niobium, Tantalum 브래스·브론즈·구리 / Brass, Bronze, Copper	matte black titanium, antique-bronze patina, gunmetal finish
귀석 Precious Gems	다이아몬드 / Diamond 사파이어 / Sapphire 루비 / Ruby 에메랄드 / Emerald	pave diamonds, emerald-cut sapphire, brilliant-ruby focal stone
준보석 Semi-Precious Gems	아메시스트 / Amethyst 토파즈·시트린 / Topaz, Citrine 가넷 / Garnet 페리도트 / Peridot 투르말린·탄자나이트 등 / Tourmaline, Tanzanite	faceted amethyst, rich teal tourmaline, cushion-cut citrine
유기 소재 Organic Materials	진주 / Pearl (Akoya, South Sea) 자개 / Mother-of-Pearl 산호·호박 / Coral, Amber 제트(jet)·뿔 등 / Jet, Horn	iridescent mother-of-pearl inlay, baroque pearl drop
세라믹 & 합성 Ceramics & Composites	하이테크 세라믹 / High-Tech Ceramic 포슬린 / Porcelain 카본 파이버 / Carbon Fiber 다마스커스 스틸 / Damascus Steel 운철(메테오라이트) / Meteorite Iron	high-tech ceramic bezel, carbon-fiber weave, meteorite texture
모던·인공 소재 Modern & Synthetic	실험실 합성 다이아 / Lab-Grown Diamond 모이사나이트 / Moissanite 큐빅 지르코니아 / Cubic Zirconia 레진·아크릴·실리콘 / Resin, Acrylic, Silicone 크리스털 글라스 / Crystal Glass	transparent resin pendant, sparkling moissanite halo, lucite geometries
표면 피니시 & 코팅 Finishes & Coatings	에나멜 / Enamel 로듐·블랙 로듐 도금 / Rhodium, Black Rhodium Plating PVD·IP 코팅 / PVD (Physical Vapor Deposition)	vibrant cloisonne enamel, black-rhodium shine, rose-gold PVD surface

prompt

jewelry ring, timeless heritage elegance, **[소재 및 재질]** soft studio rim-light, ultra-high resolution, no people --ar 3:2 --raw --stylize 50

Topaz

Mother-of-Pearl

Resin

Black Rhodium Plating

세부 장식 및 가공 기법

[주얼리 종류] + [디자인 스타일 및 특징] + [소재 및 재질] + **[세부 장식 및 가공 기법]** + [영감 및 컨셉 요소] + [조명과 분위기] + [배경]

목적에 맞는 이미지를 만들려면 미드저니가 섬세한 장식과 가공 기법을 어떻게 표현하는지 이해하는 게 중요합니다. 다양한 방법들을 탐색해보고, 머릿속에 그린 디자인에 가장 어울리는 기법을 선택해 활용하세요.

표는 장식 및 가공 기법에 대한 간단한 예시니 더욱 다양한 방법을 시도해보셔도 좋을거 같습니다.

구분	기법·장식	핵심 설명 & 사용 예시	Keyword
금속 성형·조형 (Metal Forming)	필리그리 Filigree	가느다란 금속선(금·은)을 꼬아 레이스처럼 엮은 장식	delicate filigree lattice
	캐스팅 Lost-Wax Casting	왁스 모델을 주형으로 녹여 주조, 복잡한 3D 형태 제작	lost-wax cast detail
	핸드 포지드 Forged	망치·단조로 금속을 두드려 형태·질감 부여	hand-forged texture
	파라메트릭 CAD / Generative Design	알고리즘 기반 설계로 복잡 격자 구조 구현	parametric titanium lattice
스톤 세팅 (Stone Setting)	프롱 세팅 / Prong	발톱처럼 돌을 잡아 빛 투과 극대화	four-prong solitaire
	베젤 세팅 / Bezel	금속 테두리로 돌을 감싸 보호·미니멀 미학	bezel-set cabochon
	파베 세팅 / Pave	표면을 '조약돌'처럼 수많은 작은 다이아로 포장	pave diamond surface
	채널 세팅 / Channel	두 금속 벽 사이에 스톤을 레일처럼 배열	channel-set baguettes
	인비저블 세팅 / Invisible	금속이 보이지 않게 그루브에 끼워 매끈한 표면 표현	invisible-set rubies
표면 처리·텍스처 (Surface Finishes)	미러 폴리싱 / Mirror Polish	거울 같은 광택, 하이엔드 럭셔리의 기본	mirror-finish platinum
	브러시드 / Brushed Satin	헤어라인 질감으로 차분한 매트 광택	brushed rose-gold
	해머드 / Hammered	망치로 두드린 불규칙 텍스처, 수공예 느낌	hammered silver texture
	매트 샌드블라스트 Matte Sandblasted	미세 입자로 번타 정교한 무광	sandblasted titanium
	블랙 로듐 Black Rhodium Plating	어두운 메탈릭 코팅으로 현대적 스타일	black-rhodium coated
	PVD 컬러 / PVD Coating	물리 증착으로 무지갯빛·컬러 메탈 표면	iridescent PVD gradient

구분	기법·장식	핵심 설명 & 사용 예시	Keyword
장식 인레이· 특수 기법 (Decorative Inlay & Special)	인레이 / Inlay	자개·보석·에나멜을 홈에 맞춰 삽입	mother-of-pearl inlay
	클루아조네 에나멜 / Cloisonne Enamel	금속선으로 칸막이 → 색유리 파우더 채워 소성	vibrant cloisonne enamel
	그랑푀 에나멜 Grand Feu	800°C 이상 고온 다중 소성, 깊은 색감	grand-feu enamel dial
	인그레이빙 Hand Engraving	패턴·문양	hand-engraved arabesque
	레이저 인그레이빙 Laser Engraving	미세 각인·로고·QR 코드 등 현대적 디테일	laser-engraved titanium
	마키에 Maki-e Lacquer	일본·한국식 옻칠 바탕에 금가루·진주가루 뿌려 채색	maki-e lacquer gold dust
	피에트라 두라 Pietra Dura	경옥·대리석 조각을 맞춰 회화적 모자이크	pietra-dura gemstone mosaic
	운철 인레이 Meteorite Inlay	철질 운석 절단면을 금속 베젤에 삽입, 위도만델 패턴 강조	etched meteorite inlay
	마이크로 모자이크 / Micro-Mosaic	유리 로드(테세라) 수천 개로 그림 구성, 극세 세공	micro-mosaic micromosaic

prompt

jewelry simple luxury design, **[금속 성형·조형]** soft studio rim-light, ultra-high resolution, no people

Filigree

Lost-Wax

Forged

Generative Design

prompt
jewelry simple luxury design, **[스톤 세팅]** soft studio rim-light, ultra-high resolution, no people

| Prong | Bezel |

Pave · Channel · Invisible

prompt

jewelry simple luxury design, **[표면 처리·텍스처]** soft studio rim-light, ultra-high resolution, no people

Mirror Polish　　　　　　Brushed Satin　　　　　　Hammered

Matte Sandblasted　　　Black Rhodium Plating　　　PVD Coating

prompt

jewelry simple luxury design, **[장식 인레이·특수 기법]** soft studio rim-light, ultra-high resolution, no people

Mirror Polish　　　　　　Brushed Satin　　　　　　Hammered

67

| Mirror Polish | Brushed Satin | Hammered |
| Matte Sandblasted | Black Rhodium Plating | PVD Coating |

영감 및 컨셉 요소

[주얼리 종류] + [디자인 스타일 및 특징] + [소재 및 재질] + [세부 장식 및 가공 기법] + **[영감 및 컨셉 요소]** + [조명과 분위기] + [배경]

목적에 맞는 이미지를 만들려면 미드저니가 섬세한 장식과 가공 기법을 어떻게 표현하는지 이해하는 게 중요합니다. 다양한 방법들을 탐색해보고, 머릿속에 그린 디자인에 가장 어울리는 기법을 선택해 활용하세요.

영감	모티프	Keyword
자연 & 식물 Nature & Botanical	나뭇잎 필리그리, 장미 꽃봉오리, 이슬방울, 대나무 마디	organic leaf filigree, rose-bud gem, dew-drop accent, bamboo node texture
천체 & 우주 Celestial & Cosmic	달 위상(크레센트), 별자리 선, 오로라 그라데이션, 혜성 꼬리	crescent-moon pave, zodiac line setting, aurora gradient enamel, comet-tail curve

영감	모티프	Keyword
지질 & 광물 Geological & Mineral	지오드 슬라이스, 운철 위도만델 패턴, 화산 용암 흐름, 원석 결정 클러스터	geode slice inlay, etched meteorite, lava-flow enamel, raw crystal cluster
건축 & 구조 Architecture & Structural	아르데코 대칭, 고딕 아치, 파라메트릭 격자, 자하 하디드 유체 곡선	Art-Deco symmetry, gothic arch bezel, parametric lattice, fluid Zaha curve
예술 사조 Art Movements	아르누보 꽃 곡선, 추상표현주의 브러시 텍스처, 팝아트 컬러 블록, 바우하우스	Art-Nouveau swirl, abstract-expressionist stroke, pop-art bold palette, Bauhaus minimal line
문화 & 전통 Cultural & Heritage	한국 나전칠기 자개, 켈틱 매듭, 이집트 스카라베, 인도 만다라	mother-of-pearl inlay, Celtic knot engraving, scarab bezel, mandala relief
신화 & 아름다움 상징 Mythology & Beauty Symbols	비너스 조개·장미, 락슈미 연꽃, 프레이야 호박 눈물, 미의 삼미신 3보석, 헤라의 공작깃, 백조 깃털, 바다거품 진주, 시시 실크 물결	Venus shell cameo, lotus-petal pendant, amber tear drop, triple-gem grace cluster, peacock-feather pave, swan-wing brooch, sea-foam pearl choker, silk-draped ripple
감정 & 추상 Emotion & Abstract	균형 vs 비대칭, 시간 흐름 그라데이션, 공허·음영, 무중력 플로팅	balanced asymmetry, time-flow gradient, void shadow texture, weightless floating jewel
하이패션 & 럭셔리 라이프스타일 High-Fashion & Luxury	오뜨 꾸뛰르 드레이프, Y2K 글리터 레진, 에코 럭셔리 재활용 금, 하이엔드 시계 메커니즘	haute-couture draped gold, Y2K glitter resin, eco-lux recycled gold, skeleton watch gear setting

prompt

jewelry simple luxury design, timeless heritage elegance, Inspiration **[자연 & 식물]** soft studio rim-light, ultra-high resolution, no people

organic leaf filigree

rose-bud gem

dew-drop accent

bamboo node texture

prompt

jewelry simple luxury design, timeless heritage elegance, Inspiration **[천체 & 우주]** soft studio rim-light, ultra-high resolution, no people

crescent-moon pave

zodiac line

aurora gradient enamel

comet-tail curve

prompt

jewelry simple luxury design, timeless heritage elegance, Inspiration **[지질 & 광물]** soft studio rim-light, ultra-high resolution, no people

geode slice inlay

etched meteorite

lava-flow enamel

raw crystal cluster

prompt

jewelry simple luxury design, timeless heritage elegance, Inspiration **[건축 & 구조]** soft studio rim-light, ultra-high resolution, no people

Art-Deco symmetry

gothic arch bezel

parametric lattice

fluid Zaha curve

prompt
jewelry simple luxury design, timeless heritage elegance, Inspiration **[예술 사조]** soft studio rim-light, ultra-high resolution, no people

Art-Nouveau swirl

abstract-expressionist stroke

pop-art bold palette

Bauhaus minimal line

prompt

jewelry simple luxury design, timeless heritage elegance, Inspiration **[문화 & 전통]** soft studio rim-light, ultra-high resolution, no people

mother-of-pearl inlay

Celtic knot engraving

scarab bezel

mandala relief

prompt

jewelry simple luxury design, timeless heritage elegance, Inspiration **[신화 & 아름다움 상징]** soft studio rim-light, ultra-high resolution, no people

lotus-petal pendant

peacock-feather pave

sea-foam pearl choker

silk-draped ripple

prompt
jewelry simple luxury design, timeless heritage elegance, Inspiration **[감정 & 추상]** soft studio rim-light, ultra-high resolution, no people

balanced asymmetry

time-flow gradient

void shadow texture

weightless floating jewel

prompt

jewelry simple luxury design, timeless heritage elegance, Inspiration **[하이패션 & 럭셔리 라이프스타일]** soft studio rim-light, ultra-high resolution, no people

haute-couture draped gold

Y2K glitter resin

eco-lux recycled gold

statement silhouette

영감 및 컨셉 요소

[주얼리 종류] + [디자인 스타일 및 특징] + [소재 및 재질] + [세부 장식 및 가공 기법] + [영감 및 컨셉 요소] + **[조명과 분위기]** + [배경]

주얼리 디자인에서 조명과 분위기는 전체적인 느낌을 좌우하는 핵심 요소입니다.

조명 · 분위기 타입	특징 & 기대 효과	Keyword
시네마틱 키라이트 Cinematic Key-Light	한쪽에서 강한 주광 → 명암 대비 뚜렷, 보석의 파이어(불꽃) 강조	cinematic key-light, high contrast, dramatic shadows
림라이트 Rim-Light / Edge-Light	뒤·측면에서 얇은 빛 테두리 → 금속 윤곽 선명, 입체감↑	subtle rim-light, glowing edge, black backdrop

조명·분위기 타입	특징 & 기대 효과	Keyword
소프트 박스 라이트 Soft Box Light	대형 소프트박스, 그림자 부드러움 → 진주·무광 금속에 적합	soft studio box-light, diffused shadows, creamy highlights
하이스피드 스파클 High-Speed Sparkle	스톤 위 고속 플래시 + 빛 반사판 → 다이아몬드 스파클 포착	high-speed flash, jewelled sparkle, crisp shine
컬러 젤 라이트 Color-Gel Lighting	두 가지 컬러 젤(핑크/블루 등) 혼합 → Y2K·팝아트 무드	dual color-gel lighting, pink-blue gradient glow
로우-키 룩스 Low-Key Lux	전체 노출 낮추고 금속·스톤만 하이라이트 → 미스터리한 럭셔리	low-key lighting, selective highlight, deep shadows
하이-키 미니멀 High-Key Minimal	흰 배경 + 균일한 광 → 미니멀·컨템퍼러리 컬렉션에 적합	high-key white backdrop, clean minimalist light
오로라 글로우 Aurora Glow	그라데이션 배경 LED(그린→퍼플) + 부드러운 붕산광 → 천체 컨셉	aurora gradient background, soft ambient glow
실크 드레이프 백라이트 Silk-Draped Backlight	반투명 실크 뒤 조명으로 부드러운 헤일로 → 로맨틱·여성적	back-lit silk drape, romantic halo, pastel ambience
무중력 플로팅 Weightless Floating Scene	어두운 공간에 스포트라이트 + 미세 파티클 → 공중에 떠 있는 효과	floating jewel, spotlight, subtle dust particles, void backdrop

prompt
jewelry simple luxury design, **[시네마틱 키라이트]** ultra-high resolution, no people

cinematic key-light

dramatic shadows

prompt

jewelry simple luxury design, **[림라이트]** ultra-high resolution, no people

subtle rim-light, glowing edge

black backdrop

prompt

jewelry simple luxury design, **[소프트 박스 라이트]** ultra-high resolution, no people

subtle rim-light, glowing edge

creamy highlights

prompt
jewelry simple luxury design, **[하이스피드 스파클]** ultra-high resolution, no people

jewelled sparkle

crisp shine

prompt
jewelry simple luxury design, **[컬러 젤 라이트]** ultra-high resolution, no people

dual color-gel lighting

pink-blue gradient glow

prompt
jewelry simple luxury design, **[하이-키 미니멀]** ultra-high resolution, no people

high-key white backdrop   clean minimalist light

prompt
jewelry simple luxury design, **[오로라 글로우]** ultra-high resolution, no people

aurora gradient background   soft ambient glow

prompt

jewelry simple luxury design, **[실크 드레이프 백라이트]** ultra-high resolution, no people

back-lit silk drape

romantic halo

prompt

jewelry simple luxury design, **[무중력 플로팅]** ultra-high resolution, no people

subtle dust particles

void backdrop

배경 및 구성

[주얼리 종류] + [디자인 스타일 및 특징] + [소재 및 재질] + [세부 장식 및 가공 기법] + [영감 및 컨셉 요소] + [조명과 분위기] + **[배경]**

미드저니는 프롬프트 내의 특정 요소에 우선순위를 두어 이미지를 생성하지 않습니다. 대신, 프롬프트에 포함된 모든 내용을 종합적으로 고려하여 하나의 이미지를 만들어냅니다. 따라서 주얼리 디자인뿐만 아니라 배경도 이미지 생성 결과에 중요한 영향을 미치게 됩니다. 즉, 프롬프트에 명시된 모든 정보가 이미지의 전체적인 분위기와 디테일을 결정하는 데 기여한다는 점을 이해하는 것이 중요합니다.

배경	특징 & 활용 포인트	Keyword
오닉스 글래스 패널 Onyx Glass Panel	유광 블랙 오닉스 + 미세 반사 → 메탈·다이아 대비	glossy onyx glass backdrop, subtle mirror reflections
실크 모아레 Silk Moire	고급 실크의 물결 조직이 부드러운 하이라이트	soft ivory silk-moire drape, luminous sheen
스모키 크리스털 배경광 Smoky Crystal Back-Glow	백라이트를 받은 트랜스루슨트 크리스털 → 몽환적 빛 번짐	back-lit smoky crystal wall, ethereal glow
딥 에메랄드 스웨이드 Deep-Emerald Suede	매트 스웨이드가 보석 컬러를 부스트, 고급 부티크 무드	matte emerald suede surface, soft falloff

prompt

jewelry simple luxury design, **[배경]** ultra-high resolution, no people

Onyx Glass Panel　　　　　　　　　　　Silk Moire

Smoky Crystal Back-Glow　　　　　　　　Deep-Emerald Suede

Part 4
미드저니 금속공예

금속공예를 위한 미드저니 프롬프트 구조

Part 4
미드저니 금속공예

금속공예를 위한 미드저니 프롬프트 구조

[오브젝트 / 형태·규모] + [디자인 스타일·특징] + [소재] + [세부 장식·가공] + [영감·컨셉] + [조명·분위기] + [카메라 시점] + [배경] + [색상 팔레트] (+ 미드저니 옵션)

미드저니 금속공예 가이드: 창의적인 디자인을 현실로

미드저니를 활용하여 금속공예 디자인을 창조하는 것은 무한한 가능성을 열어주는 흥미로운 여정입니다. 이 파트에서는 미드저니 프롬프트 구조를 기반으로 금속공예 디자인을 위한 전반적인 접근 방식을 안내합니다.

오브젝트 / 형태·규모 정의

만들고자 하는 금속 공예품의 종류와 형태, 크기를 구체적으로 정의합니다. 촛대, 보석함, 조각품 등 원하는 오브젝트를 명확히 설정하고, 크기나 비율에 대한 정보를 추가하여 미드저니가 디자인 의도를 정확히 파악하도록 합니다.

구분	핵심 기법·특징	대표 소재	전통·현대 제작 예시
단조 (Forging)	가열-타격으로 결정조직 치밀화, 강도 ↑	철, 강, 금, 은, 티타늄	방짜유기 그릇·수라상, 핸드포지드 나이프 & 도끼, 맞춤 대문 경첩, 야외 조각
주조 (Casting)	용융 금속을 주형에 부어 응고, 복잡·대형 일체 성형	청동, 알루미늄, 스테인리스	범종·청동불상, 야외 추상 조각, 엔진 블록·기어, 디자이너 가구 다리
판금 성형 (Sheet-metal forming)	판 절단-굽힘-딥드로잉, 가벼운 외피 제작	알루미늄, 주석, 동, 스틸	유기(鍮器) 대야, 클래식 티 세트, 자동차 바디 패널, 모던 펜던트 조명
절삭·조각 (Cutting & Carving)	CNC·레이저·그라인더로 절삭·음각·양각	스틸, 알루미늄, 황동	메탈 레리프 월 아트, 기계 부품 몰드, 한지등 금속 골조, 건축 파사드 패널

구분	핵심 기법·특징	대표 소재	전통·현대 제작 예시
상감 (Inlay / Damascening)	홈 파서 異재질 삽입, 문양 형성	금·은·동 + 자개·칠보	다마스커스 칼날, 한국 금칠 상감 매병, 고급 만년필 바렐, 라커웨어 보석함
필리그리 (Filigree)	가는 금·은선 꼬아 납땜, 레이스 같은 섬세 구조	금, 은, 청동	전통 장식 술잔 거치대, 고급 인센스 버너, 금속 레이스 조명 셰이드
압출·양각 (Repousse & Chasing)	뒷면 두드려 양각 → 앞면 세공 디테일	연동, 은, 금, 주석	갑옷 흉갑 장식판, 교회 제단 패널, 인테리어 월 플레이트, 장식 트레이
에나멜 (Enameling)	유리질 분말 도포 후 소성 (800-900 ℃)	구리, 은, 금 + 유리질	클루아조네 호접무늬 항아리, 러시아 파베르제 장식 달걀, 컬러 뱃지·메달
표면 처리 (Patination & Plating)	산화·도금·IP코팅으로 색·질감 변화	전 금속 + 니켈·로듐	청동 청녹(靑綠) 파티나 조각, 레인보우 티타늄 가구, 아노다이즈드 외장 패널
융·접합 (Soldering & Welding)	솔더·TIG·레이저 접합으로 구조 결합	전 금속	스테인리스 아트 오브제 프레임, 산업용 배관, 맞춤 철제 가구, 야외 구조물

단조 (Forging)

prompt

[Hand-forged] titanium serving bowl, subtle hammer-mark texture, minimalist Korean bangjja style, warm studio lighting, dark neutral backdrop, 4k

[수작업 단조] 티타늄 유기 그릇, 미세한 망치 자국 질감, 미니멀 한국 방짜 스타일, 따뜻한 스튜디오 조명, 어두운 중성 배경, 4k

주조 (Casting)

prompt
[Casted bronze abstract outdoor sculpture] monolithic flowing curves, rich weathered patina, dawn side-lighting, minimalist garden setting, 4k

판금 성형 (Sheet-metal forming)

prompt
Spun-aluminum pendant light, **[seamless sheet-metal shel]** brushed satin finish, soft diffused glow, suspended in dark loft interior, 4k

절삭·조각 (Cutting & Carving)

prompt
[Laser-cut] aluminum relief wall art, intricate abstract geometric pattern, crisp clean edges, high-contrast rim lighting, gallery white wall backdrop, 4k

상감 (Inlay / Damascening)

prompt
[Damascus steel chef knife] gold-silver damascene inlay along spine, mirror-polished blade, warm studio lighting, dark gradient backdrop, 4k

필리그리 (Filigree)

prompt
[Filigree bronze incense burner] hand-soldered fine wires forming lace-like openwork, delicate arabesque pattern, warm spotlight illumination, dark neutral backdrop, 4k

압출·양각 (Repousse & Chasing)

prompt
[Hand-repousse copper wall panel] baroque floral high-relief, fine chased detailing, rich antique patina, dramatic raking light, dark studio backdrop, 4k

에나멜 (Enameling)

prompt
[Cloisonne enamel butterfly-motif vase] copper body, vivid jewel-tone glazes, high-gloss finish, soft museum lighting, neutral gray backdrop, 4k

표면 처리 (Patination & Plating)

prompt
[Verdigris-patinated bronze sculpture] organic flowing form, rich turquoise-green surface variation, dramatic side lighting, dark neutral backdrop, 4k

융·접합 (Soldering & Welding)

prompt
[Stainless-steel welded art frame] minimalist geometric lattice, clean TIG weld beads, bright studio lighting, dark backdrop, 4k

 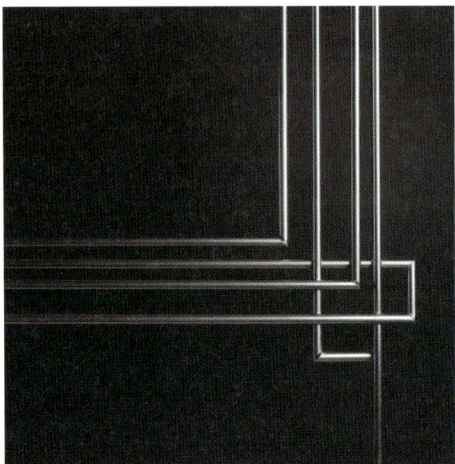

현대적인 트렌드의 금속공예 스타일

현대 트렌드	핵심 스타일·특징	주요 기법	소재	사례
디지털 적층금속 (Additive Metal / 3-D Printed Metal)	초경량 라티스·내부 격자, 단일 피스 복합 형상	DMLS·SLM 다중 레이저 3D 프린터, 제너러티브 디자인	Ti-6Al-4V, Inconel, AlSi10Mg	Bathsheba Grossman 기하학 조각, Model No. 온디맨드 가구
파라메트릭·제너러티브 메탈 디자인 (Parametric / Generative Metal)	알고리즘 기반 곡면·패턴, 데이터드리븐 형태	Grasshopper, Rhino, 5-축 CNC, 로봇 암 적층·가공	알루미늄 합금, 스테인리스	3D-프린트 건축 파사드·벤치
지속 가능 업사이클 메탈(Sustainable Up-cycled Metal)	스크랩·재생 금속, 로우-에너지 제작, 자연 파티나 강조	저온 단조·마찰교반 용접 (FSW), 레이저 컷	재활용 Al·St, Corten	Teo Rhe 'Aluminium Veneer', Lee Hyungjun 'Wood Stack'
인터랙티브·키네틱 메탈 아트(Interactive / Kinetic Metal Art)	모터·센서로 움직임·빛 반응, 관객 참여	아두이노, 서보·리니어 액추에이터, 파이버 레이저 절단 프레임	경량 Al, 스테인리스, 폴리카보	BREAKFAST 데이터-드리븐 벽체, Venice Biennale 'Interwoven Existence'

현대 트렌드	핵심 스타일·특징	주요 기법	소재	사례
컬러·표면 혁신 (Color & Surface Innovation)	PVD·아노다이징 그라데이션, 변색 방지 하이-크롬, 매핑드 블루 등 트렌디 팔레트	PVD 진공 증착, 나노 세라믹, 서브미크론 레이저 텍스처	컬러 SS, Ti, 니켈 합금	2025 PVD 'Black & Chrome' 시트, 맞춤 색상 패션 하드웨어
하이브리드 메탈-비금속 융합 (Hybrid Metal & Non-metal Fusion)	금속+목재·유리·섬유질을 접목, 소재 대조 & 자연 감성	레이저-컷 프레임+ FRP 쉘, 구조 접착	알루미늄, 스틸 + 재활용 목재·유리	Seoul 디자이너 Teo Rhe 알루미늄 목공 가구

디지털 적층금속(Additive Metal / 3-D Printed Metal)

prompt
[3D-printed] titanium lattice sculpture, generative design, ultra-light monolithic form, matte bead-blasted finish, crisp studio lighting, dark neutral backdrop, 4k

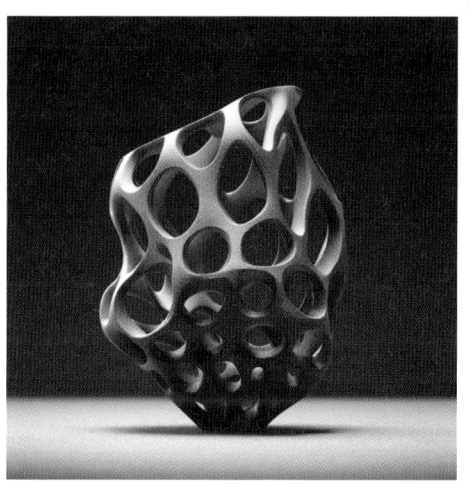 
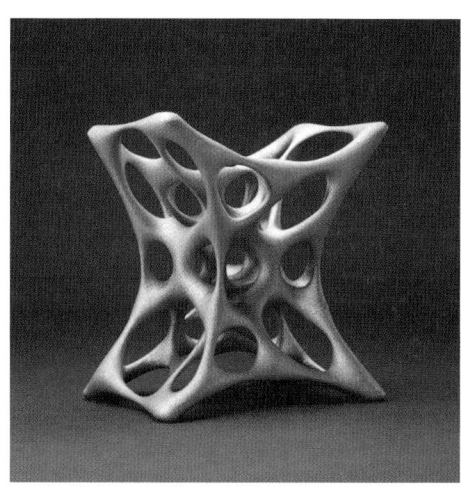 

파라메트릭·제너러티브 메탈 디자인(Parametric / Generative Metal)

prompt
[Parametric aluminum bench] generative flowing curve geometry, Grasshopper-designed, seamless brushed surface, dramatic studio lighting, dark neutral backdrop, 4k

지속 가능 업사이클 메탈(Sustainable Up-cycled Metal)

prompt
[Up-cycled corten steel side table] sculptural industrial-minimal design, natural rust patina, low-energy fabrication marks, warm ambient lighting, simple concrete backdrop, 4k

인터랙티브·키네틱 메탈 아트(Interactive / Kinetic Metal Art)

prompt
[Kinetic aluminum wall sculpture] servo-driven rotating fins, interactive LED response, lightweight laser-cut frame, dark gallery setting, 4k

컬러·표면 혁신(Color & Surface Innovation)

prompt
[PVD-gradient stainless-steel door handle] black-to-chrome mirror finish, nano-textured highlights, bold studio lighting, dark neutral backdrop, 4k

하이브리드 메탈-비금속 융합(Hybrid Metal & Non-metal Fusion)

prompt
Laser-cut aluminum + reclaimed oak lounge chair **[sleek hybrid frame]** rich natural wood grain panels, modern-organic fusion aesthetic, soft daylight illumination, neutral studio backdrop, 4k

디자인 스타일·특징 묘사

금속 공예품에 부여하고 싶은 디자인 스타일과 특징을 설명합니다. 현대적인 미니멀리즘, 고전적인 바로크, 아르누보 양식 등 원하는 스타일을 구체적으로 언급하고, 독특한 형태나 장식 요소를 추가하여 개성을 표현합니다.

구분	스타일	미학·특징	소재·기법	작품·사례
19-20C 디자인 운동	아르누보 / Art Nouveau	곡선적 플로럴, 유기 곤충·여인 모티프	브론즈 주조 + 에나멜·상감	파리 지하철 입구 (기마르)
	아르데코 / Art Deco	기하 대칭, 선명한 콘트라스트	크롬·니켈 도금 강판, 스텝 프레스	크라이슬러 빌딩 인테리어
	바우하우스 / Bauhaus Meta	기능주의, 직선·원통 형태	스테인리스·알루미늄 판금·용접	바간드 티 세트
	미드센추리 모던 / Mid-century Modern	가벼운 유선형, 밝은 컬러	알루미늄 스핀·압연 + ABS	테이블 프레임
	브루탈리즘 / Brutalism Metal	노출 구조, 거친 용접·산화	코르텐·흑강, MIG 용접 자국	리처드 세라 강판 조각

구분	스타일	미학·특징	소재·기법	작품·사례
컨템퍼러리	미니멀리즘 / Minimalist Metal	장식 최소, 매트 단색·샌드블라스트	스테인리스, 파우더코트 강	MUJI 스테인리스 선반
	인더스트리얼 시크 / Industrial Chic	파이프·볼트 노출, 빈티지 조명	흑관 파이프, 철 녹청 파티나	카페 파이프 선반 & 조명
	디지털 적층 메탈 / Additive Metal	제너레이티브 라티스, 초경량 단일 피스	DMLS 티타늄, Inconel	Bathsheba Grossman 조각

아르누보 / Art Nouveau

prompt
[Bronze Art Nouveau wall lamp] flowing floral vines, patinated finish, warm studio lighting, dark neutral backdrop, 4k

아르데코 / Art Deco

prompt
[Chrome Art Deco console table] stepped geometric lines, mirror-polished finish, dramatic side lighting, dark neutral backdrop, 4k

바우하우스 / Bauhaus Metal

prompt
[Brushed stainless Bauhaus tea set] pure cylinders and orthogonal handles, soft diffused light, pale backdrop, 4k

미드센추리 모던 / Mid-century Modern

prompt
[Spun-aluminum mid-century floor lamp] organic tapered stem, pastel shade, bright studio lighting, neutral backdrop, 4k

브루탈리즘 / Brutalism Metal

prompt
[Weathered corten steel sculpture] raw weld beads exposed, monumental block form, raking light, dark backdrop, 4k

미니멀리즘 / Minimalist Metal

prompt
Matte black stainless bench [ultra-clean lines] seamless TIG welds, soft ambient light, concrete backdrop, 4k

인더스트리얼 시크 / Industrial Chic

prompt
Reclaimed steel pipe bookshelf, exposed bolts [vintage Edison bulbs] warm loft lighting, brick backdrop, 4k

디지털 적층 메탈 / Additive Metal

prompt
[3D-printed titanium lattice sculpture] generative geometry, matte bead-blasted, crisp studio light, dark backdrop, 4k

소재

사용할 금속의 종류를 명시합니다. 금, 은, 구리, 청동, 철 등 원하는 금속의 이름과 함께 질감, 색상, 마감 방식에 대한 정보를 추가하여 미드저니가 재질감을 정확하게 표현하도록 합니다.

구분	소재	주요 특성·착안점	활용 분야
귀금속	금 / Gold	전도성·내식성 최고, 연전성·가단성↑, 합금색(로즈·화이트) 다양	고급 식기 세공, 예술 오브제, 도금 디테일
	은 / Silver	가장 높은 광반사율, 열전도↑, 연질→ 세밀 조각 용이, 황변(硫化) 케어 필요	명도 높은 식탁용품, 필리그리, 거울 프레임
	백금(Pt, Pd, Rh) Platinum Group	고융점·내산성·중량감, 로듐은 최상급 광택 도금	프리미엄 인레이, 내구성 요구 부품

구분	소재	주요 특성·착안점	활용 분야
비철 (Non-ferrous)	구리 / Copper	열·전기 전도 우수, 파티나(청록) 형성, 연질	에나멜 바탕판 리포제 패널, 교회 지붕
	황동 / Brass (Cu-Zn)	황금빛, 절삭·주조 용이, 음향 공명	방짜유기 그릇, 관악기, 램프 하우징
	청동 / Bronze (Cu-Sn)	주조성·내식성↑, 짙은 브라운/그린 파티나	범종·청동불상, 야외 추상 조각
	알루미늄 Aluminum	경량, 산화막 자연 형성, 양극산화 컬러링	판금 조명, CNC 파라메트릭 가구, 3D 프린트 파사드
	티타늄 / Titanium (Ti-6Al-4V 등)	비중 4.5 g/㎤, 강도 대비 가벼움, 열착색 가능	초경량 라티스 조각, 의료·웨어러블 프레임
	니오븀·탄탈럼 Nb, Ta	양극산화 시 강렬한 레인보우, 생체 적합	컬러 포인트 인레이, 실험적 오브제
철계 (Ferrous)	연철 / Wrought Iron	가공 용이, 백색 녹 없음, 두껍게 단조	난간·대문 경첩, 장식 프레임
	탄소강·스틸 / Carbon & Mild Steel	강인성, 용접·단조·절삭 다재다능, 녹 주의	파이프 가구, 인더스트리얼 트레이
	스테인리스 / Stainless Steel (304, 316L)	크롬산화막 → 고광택·내식, TIG 용접 깔끔	미니멀 벤치, 키네틱 메커니즘, 주방웨어
	코르텐강 / Corten	안정화 녹청층, 러스틱 텍스처	브루탈리즘 조각, 가든 퍼니처
특수 합금 첨단 소재	형상기억 합금 SMA (Ni-Ti)	열·전기 자극 시 형태 복원	키네틱 설치, 센서 내장 오브제
	금속 복합재 / Metal Matrix Composite	세라믹 입자 강화 → 경량·내마모	하이브리드 가구, 툴리스 아트

Gold / 금

prompt
Hammered **gold** ceremonial bowl, high-polish interior, warm spotlight, dark backdrop, 4k

Silver / 은

prompt
Filigree **silver** incense burner, mirror shine, soft diffused light, pale backdrop, 4k

Platinum-group / 백금

prompt
Mirror-finish **platinum** table sculpture, crisp cool spotlight, dark neutral backdrop, 4k

Copper / 구리

prompt
Verdigris **copper** wall panel, rich turquoise patina, raking light, neutral backdrop, 4k

Brass / 황동

prompt
Spun **brass** desk lamp, satin finish, warm ambient light, minimalist workspace, 4k

Bronze / 청동

prompt
Cast **bronze** abstract garden sculpture, dark brown patina, dusk lighting, stone pedestal, 4k

Aluminum / 알루미늄

prompt
Brushed **aluminum** parametric bench, seamless curves, daylight gallery, white backdrop, 4k

Titanium / 티타늄

prompt
Anodized purple **titanium** lattice stool, generative design, crisp studio light, dark backdrop, 4k

Niobium / 니오븀

prompt
Rainbow-anodized **niobium** bookmark, subtle gradient hues, soft tabletop lighting, neutral background, 4k

Wrought Iron / 연철

prompt
Hand-forged **wrought-iron** gate fragment, beeswax black finish, moody side light, dark backdrop, 4k

Carbon Steel / 탄소강

prompt
Raw **carbon-steel** industrial side table, visible weld seams, warehouse lighting, concrete floor, 4k

Stainless Steel / 스테인리스

prompt
Polished **stainless-steel** minimalist coffee table, mirror reflections, bright studio light, white backdrop, 4k

Corten Steel / 코르텐강

prompt
Weathered **corten-steel** planter box, rich rust texture, garden sunlight, gravel background, 4k

Shape-Memory Alloy / 형상기억 합금

prompt
Weathered **corten-steel** planter box, rich rust texture, garden sunlight, gravel background, 4k

MMC / 금속 복합재

prompt
Weathered **corten-steel** planter box, rich rust texture, garden sunlight, gravel background, 4k

영감·컨셉

디자인의 영감과 컨셉을 제시합니다. 패션, 자연, 건축 건축가, 아티스트, 신화, 랜드마크 등 디자인에 영향을 준 요소들을 언급하고, 추상적인 감정이나 아이디어를 추가하여 미드저니가 창의적인 해석을 하도록 돕습니다.

패션 (Fashion)	자연 (Nature)	건축/건축가 (Architecture)	아티스트 (Artist)	신화 (Myth)	랜드마크 (Landmark)
Balenciaga 테크노 미니멀	Coral lattice 산호 격자	Sagrada Familia Gaudi	Jenny Holzer	Medusa 메두사 (그리스)	Burj Khalifa 두바이
Chanel 클래식 트위드	Fern fractal 고사리 프랙털	Palm Springs Pavilion	Olafur Eliasson	Amaterasu 아마테라스 (일본)	Tower Bridge 런던
Issey Miyake 플리츠	Wood grain 나뭇결	Centre Pompidou Le Corbusier Sydney Opera	Keith Haring	Fenrir 펜리르 (노르드)	Fushimi Inari 교토
Loewe 아트 크래프트	Meteorite texture 운석 질감	House Utzon Qatar National	Louise Bourgeois	Quetzalcoatl 케찰코아틀 (아즈텍)	Guggenheim NYC
Thom Browne 데컨스트럭션	Ocean wave 파도	Museum Jean Nouvel	Jeff Koons	Phoenix 피닉스 (중국)	Eiffel Tower 파리
Gucci 맥시멀 패턴	Butterfly wing 나비 날개짓	Zaha Hadid Bionic Cathedral	Ai Weiwei	Gumiho 구미호 (한국)	Tokyo Skytree
Rick Owens 다크 아방가르드	Lava flow 용암 흐름	Genesis Pavilion BIG	Yayoi Kusama	Anubis 아누비스 (이집트)	Colosseum 로마
Prada 지오메트릭 라인	Lotus symmetry 연꽃	Hyperloop Station Concept	Basquiat	Poseidon 포세이돈 (그리스)	Brandenburg Gate 베를린
Dior 뉴룩 실루엣	Snow crystal 결정체	TWA Terminal Saarinen	James Turrell	Yggdrasil 이그드라실 (노르드)	Lupu Bridge 상하이
Off-White 인더스트리얼 그래픽	Desert dune 사구	Living Building Campus	TeamLab	Kraken 크라켄 (스칸디나비아)	Christ the Redeemer 리우

위의 예시들을 다양하게 조합하면 창의적인 이미지를 얼마든지 만들어낼 수 있습니다. 하나의 콘셉트가 아닌 다양한 콘셉트와 영감을 결합하면 거의 무한대에 가까운 이미지를 창조할 수 있습니다."

prompt

Balenciaga-inspired forged-steel wall sconce, coral lattice laser-cut black stainless, Gaudi Sagrada Familia silhouette, Jenny Holzer LED text, Medusa serpentine accents, Burj Khalifa night skyline backdrop, 4k

발렌시아가 감성 단조 스틸 벽 촛대, 블랙 스테인리스 산호 격자 레이저 컷, 가우디 사그라다 파밀리아 실루엣, 제니 홀저 LED 텍스트, 메두사 뱀 무늬, 부르즈 칼리파 야경 배경, 4k

prompt

Chanel tweed-pattern spun-brass table lamp, fern fractal perforations, Palm Springs Pavilion lines, Olafur Eliasson warm aura, Amaterasu rising-sun motif, Tower Bridge river backdrop, 4k

샤넬 트위드 패턴 스핀 황동 테이블 램프, 고사리 프랙털 천공, 팜스프링스 파빌리온 라인, 올라퍼 엘리아슨 따뜻한 아우라, 아마테라스 상승하는 태양 문양, 런던 타워 브리지 배경, 4k

prompt

Thom Browne deconstructed mirror-polished stainless sculpture, ocean wave curves, Qatar National Museum shard geometry, Jeff Koons balloon highlights, Phoenix flame crest, Eiffel Tower backdrop, 4k

톰 브라운 데컨스트럭션 미러 스테인리스 조각, 파도 곡선, 카타르 국립박물관 파편형 기하, 제프 쿤스 풍선 광택, 피닉스 불꽃 문양, 파리 에펠탑 배경, 4k

prompt

Prada geometric titanium vase, lotus-symmetry fluting, Hyperloop Station futurism, Basquiat bold strokes etch, Poseidon trident grip, Brandenburg Gate backdrop, 4k

프라다 지오메트릭 티타늄 화병, 연꽃 대칭 골, 하이퍼루프 스테이션 미래감, 바스키아 대담한 스트로크 에칭, 포세이돈 삼지창 손잡이, 브란덴부르크 문 배경, 4k

Part 5
고급 프롬프트

Multi-Prompts & Weights
Image Prompts
Style Reference
Character Reference
Omni Reference
Describe
Editor

Part 5

고급 프롬프트

Multi-Prompts & Weights (V 6 이하에서 작동)

멀티프롬프트란?

멀티 프롬프트를 마치 하나의 창의적인 레시피를 만들기 위해 각각 다른 지시사항들을 주는 것과 같습니다. 멀티 프롬프트를 사용할 때, 여러분은 미드저니에게 제시한 각 아이디어를 개별적으로 생각한 다음, 그것들을 하나의 이미지로 결합하라고 말하는 것과 같습니다. 이는 여러분에게 여러 다른 컨셉들을 섞어 독특하고 놀라운 것을 만들어낼 수 있는 힘을 줍니다.

멀티 프롬프트는 어떻게 작동하나?

프롬프트에서 여러 아이디어 사이에 이중 콜론(::)을 추가하면 각 아이디어를 분리하는 역할을 합니다. 예를 들어, "space ship"이라고 입력하면 미드저니는 이 단어들을 함께 묶어 SF 우주선을 만들어냅니다. 하지만 "space:: ship"이라고 입력하면, 미드저니에게 "우주"와 "배"를 별개의 요소로 생각한 다음, 이 둘을 섞어서 새로운 이미지를 만들라고 지시하는 것과 같습니다. 결과적으로 우주를 항해하는 배처럼 단순한 아이디어에 창의적인 변주를 준 이미지가 나올 수 있습니다.

이미진 바(Imagine bar)에서 분리하고 싶은 프롬프트의 각 부분 뒤에 이중 콜론(::)을 추가하세요.

중요: 이중 콜론의 왼쪽에는 공백이 없어야 하고, 오른쪽에는 하나의 공백이 있어야 합니다. 만약 매개변수를 사용하고 싶다면, 여전히 프롬프트 맨 마지막에 추가해야 합니다.

이미지가 생성된 후, 프롬프트 텍스트 위에 마우스를 올려보세요. 개별 멀티 프롬프트와 각각의 가중치를 확인할 수 있습니다.

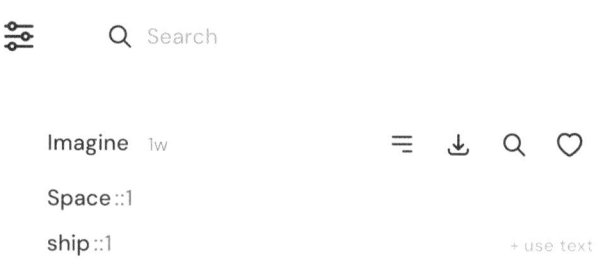

프롬프트 가중치

멀티 프롬프트를 사용하면 프롬프트의 각 부분이 얼마나 중요한지 가중치를 설정하여 결정할 수 있습니다. 이는 특정 아이디어를 다른 아이디어보다 강조하여 최종 이미지가 여러분의 비전에 더 잘 맞도록 안내할 수 있다는 의미입니다.

아이디어를 `::`로 구분한 후, 바로 뒤에 숫자를 추가하여 해당 부분이 얼마나 중요한지를 나타낼 수 있습니다. 예를 들어 `space::2 ship`이라고 프롬프트를 입력하면, 미드저니에게 "우주"가 "배"보다 두 배 더 중요하다고 말하는 것입니다. 이로 인해 우주가 중심이 되고 배는 보조적인 역할을 하는 이미지가 생성됩니다. 마치 그림의 한 부분의 볼륨을 높이는 것과 같습니다!

참고: 가중치를 지정하지 않으면 기본값은 1입니다.

네거티브 프롬프트 가중치

이미지에서 보고 싶지 않은 것을 미드저니에게 알려주기 위해 음수를 가중치로 사용할 수도 있습니다. 단, 프롬프트 내 모든 가중치의 총합이 양수여야 한다는 점을 기억하세요.

멀티프롬프트 예시

prompt
- Simple luxury jewelry, rose gold, ultra-high resolution, no people
- Simple luxury jewelry, rose:: gold:: ultra-high resolution, no people

rose gold

rose:: gold::

prompt
- Simple luxury jewelry, **rose::2 gold::** ultra-high resolution, no people
- Simple luxury jewelry, **rose:: gold::2** ultra-high resolution, no people

rose::2 gold::

rose:: gold::2

소재와 소재의 가중치 조절

prompt
- Simple luxury earrings jewelry, rose gold::1 mother-of-pearl inlay::1 ultra-high resolution
- Simple luxury earrings jewelry:: rose gold::-0.5 mother-of-pearl inlay::2 ultra-high resolution

rose gold::1 mother-of-pearl inlay::1

rose gold::-0.5 mother-of-pearl inlay::2

로즈골드와 연꽃의 영감

rose gold::1 lotus flower::1

rose gold::1 lotus flower::2

1:1의 경우는 소재가 반반씩 섞인 이미지가 생성되지만 가중치를 조절하면 조절되는 비율만큼의 중요도가 적용되어 이미지가 생성됩니다

Prompt
- candyland-inspired jewelry, toy-like dreamy aesthetic, pastel tones, glossy enamel and translucent resin, fantasy dessert textures [ice cream, macarons, whipped cream], [soft lighting], ultra high resolution, photorealistic, [plain background], close-up product shot, [vibrant details]

- **pink color ::-0.5** candyland-inspired jewelry, toy-like dreamy aesthetic, pastel tones, glossy enamel and translucent resin, fantasy dessert textures [ice cream, macarons, whipped cream], [soft lighting], ultra high resolution, photorealistic, [plain background], close-up product shot, [vibrant details] ::1

컬러에 대한 가중치를 조절할 수도 있습니다

처음 프롬프트 이미지

pink color ::-0.5

이처럼 멀티프롬프트는 상상할 수 있는 모든 이미지에 구체적인 조정이 가능합니다

프롬프트의 우선순위

미드저니에서 이미지를 생성할 때, 프롬프트에 입력하는 단어 순서는 이미지 표현의 우선순위를 결정합니다. 강조하고 싶은 단어를 앞쪽에 배치하면 전체 이미지의 컨셉을 설정하는 데 효과적입니다.

Prompt
Simple Luxury Jewelry, droplet-inspired earrings in rose gold and diamonds
럭셔리 심플 주얼리, 물방울에 영감을 받은 로즈골드 다이몬드 장식 귀걸이

럭셔리 컨셉이 중심이 되는 이미지가 생성되었습니다

Prompt
Earrings in rose gold and diamonds, simple luxury jewelry inspired by water droplets
로즈골드 다이아몬드 귀걸이, 물방울에 영감을 받은 심플 럭셔리 주얼리

소재를 중심으로한 이미지가 메인으로 생성되고 컨셉은 배경으로 표현됩니다

Prompt
Pendant design in granite, simple luxury style, luxurious background
화강암 소재의 펜던트 디자인, 심플 럭셔리한 스타일, 고급스러운 배경

화강암을 주 소재로 한 펜던트가 생성되었습니다.

Prompt
Simple luxury style, luxurious background, **pendant in granite**
심플 럭셔리한 스타일, 고급스러운 배경, **화강암 소재의 펜던트**

전체적인 이미지는 펜던트보다는 럭셔리한 배경에 맞춰 이미지가 생성되었습니다.

프롬프트의 중복설명

주얼리 이미지를 생성할 때 강조하고 싶은 부분을 프롬프트에서 반복적으로 언급하면 이미지를 더욱 명확하게 표현할 수 있습니다. 예를 들어, "화강암 소재의 펜던트 디자인, 심플 럭셔리한 스타일, 고급스러운 배경" 대신 "화강암 소재, 검은색의 거친 재질, 펜던트 디자인, 심플 럭셔리한 스타일, 고급스러운 배경"과 같이 "검은색 거친 재질"이라는 표현으로 화강암 소재를 다시 한번 강조하는 것이죠.

Prompt
granite material, **black rough material,** pendant design, simple luxury style, luxurious background

이처럼 검은색 화강암 이미지가 강조된 주얼리 이미지가 생성됩니다

Image Prompts

이미지 프롬프트는 텍스트 프롬프트와 함께 이미지를 포함하여 미드저니를 안내하는 기능입니다. 미드저니는 사용자가 제공한 이미지의 핵심 요소를 살펴보고 이를 바탕으로 새롭고 독창적인 이미지를 생성합니다.

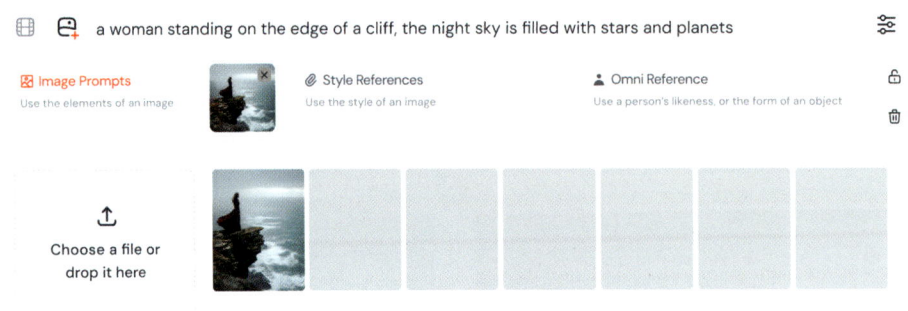

이미지 프롬프트를 사용하는 세 가지 방법이 있습니다.

- **단일 이미지 프롬프트 + 텍스트 프롬프트**: 사용자의 비전과 유사한 이미지를 선택한 다음, 설명 텍스트를 추가합니다. 텍스트 프롬프트에는 참조 이미지를 변경하는 지시사항이 아닌, 최종 이미지에 원하는 모든 내용을 포함해야 합니다.

- **여러 이미지 프롬프트 (텍스트 없이)**: 텍스트 없이 두 개 이상의 이미지를 업로드하여 함께 혼합합니다. 시각적 요소에 집중하도록 미드저니를 안내할 때 적합합니다.

- **여러 이미지 프롬프트 + 텍스트 프롬프트**: 자세한 안내를 위해 여러 이미지와 설명 텍스트를 결합합니다. 텍스트 프롬프트를 사용하여 참조 이미지에서 보이지 않는 중요한 세부 사항을 명시할 수 있습니다.

단일 이미지 프롬프트 + 텍스트 프롬프트

prompt

Minimalist Korean-inspired earrings, [mother-of-pearl], organic curves, subtle hanbok engravings, soft ambient lighting, cultural elegance
한국적 영감의 미니멀리스트 귀걸이, [자개], 유기적인 곡선, 은은한 한복 조각, 은은한 주변 조명, 문화적 우아함

--iw Image Weight

--iw는 이미지 프롬프트의 영향력을 조절하는 파라미터입니다. 값을 높게 설정하면 이미지 프롬프트가 결과 이미지에 더 큰 영향을 미치고, 낮게 설정하면 영향이 줄어듭니다.

--iw 값은 기본이 1이고 범위는 1 ~ 3(소수점도 적용 가능 예 1.5)입니다. 숫자가 낮을수록 영향력이 적습니다.

이미지 웨이트 값이 높을수록 레퍼런스 이미지와 더욱 유사하게 생성됩니다. 이는 미드저니에게 레퍼런스 이미지를 최대한 많이 참고하여 이미지를 생성하라는 명령과 같으며, **레퍼런스 이미지와 최대한 동일한 이미지를 만들어낼 때 높은 값을 적용합니다.**

레퍼런스 이미지

--iw 1

--iw 2

--iw 3

여러 이미지 프롬프트 (텍스트 없이)

프롬프트 없이 이미지들만 업로드하여 혼합 생성하는 것도 가능합니다.

여러 이미지 프롬프트 + 텍스트 프롬프트

이미지를 생성할 때 2개 이상의 이미지와 텍스트 프롬프트를 함께 사용할 수 있습니다. 이미지 개수에 제한은 없지만, 경험적으로 3개 이상의 이미지를 사용하면 이미지 컨트롤이 어려워지므로 최대 2개의 이미지를 사용하는 것을 처천드립니다. 여러 이미지와 텍스트 프롬프트를 함께 사용하는 것은 완성된 이미지를 기반으로 비슷한 스타일의 다른 이미지를 만들 때 유용합니다. 예를 들어, 반지 이미지를 생성한 후 이를 바탕으로 귀걸이, 팔찌 등 세트 구성을 위한 이미지를 생성하는 데 활용하는 것을 추천합니다.

prompt
gold stud earrings with smooth round gemstones in the foreground, elegant and minimal jewelry style, soft white background fading into depth, sunlight from the right, diffused window light from the left, shallow depth of field
전경에 매끄러운 원형 보석이 세팅된 골드 스터드 귀걸이, 우아하고 미니멀한 주얼리 스타일, 뒤로 갈수록 부드럽게 흐려지는 흰색 배경, 오른쪽 햇빛과 왼쪽 창문빛, 얕은 심도

Style Reference

스타일 레퍼런스는 기존 이미지의 시각적인 분위기를 포착하여 새로운 미드저니 작품에 적용하는 방법입니다. 단순히 사물이나 사람을 복사하는 것이 아니라, 색상, 표현 기법, 질감 또는 조명과 같은 전체적인 스타일을 복사하여 일관된 시각적 테마를 유지하도록 도와줍니다.

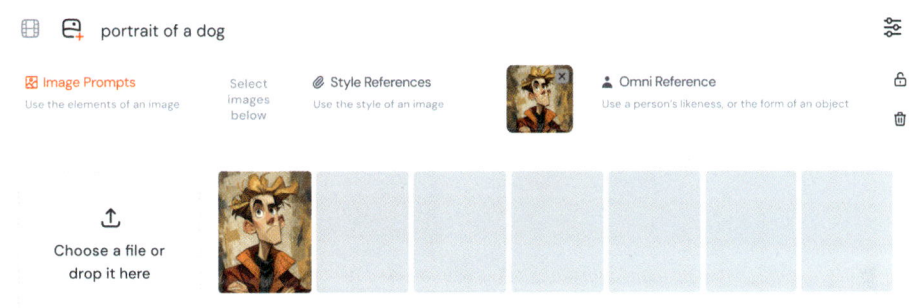

스타일 레퍼런스 사용 시 모범 사례

- 텍스트 프롬프트를 간결하게 유지하세요.
- 레퍼런스 이미지의 외관과 충돌할 수 있는 스타일 단어를 추가하지 마세요.
- 스타일 단어를 선택적으로 추가하세요. 특정 스타일을 구현하기 어려운 경우, 레퍼런스 이미지와 일치하는 설명 단어를 포함하세요.
- 지시사항이 아닌 내용에 집중하세요. 텍스트 프롬프트를 사용하여 미드저니가 레퍼런스 이미지를 어떻게 수정해야 하는지가 아닌, 보고 싶은 것을 설명하세요.

prompt

jewelry simple luxury design, timeless heritage elegance, ultra-high resolution
주얼리 심플 럭셔리 디자인, 시대를 초월한 헤리티지 우아함, 초고해상도

Style Weight 스타일 가중치

스타일 가중치 매개변수 `--sw`를 사용하면 레퍼런스 이미지의 스타일이 새로운 이미지에 얼마나 강력하게 영향을 미치는지 제어할 수 있습니다. 이 매개변수는 0에서 1000 사이의 값으로 설정할 수 있으며, 기본값은 `--sw 100`입니다.

--sw 100 이하는 스타일 가중치를 줄여 프롬프트에 집중된 이미지가 생성됩니다

--sw 30

--sw 300

--sw 700

--sw 1000

Random Styles & Codes 임의 스타일 및 코드

프롬프트에 `--sref random`을 사용하면 미드저니가 내부 라이브러리에서 임의로 사전 설정된 스타일을 선택합니다. 프롬프트를 제출하면 "random"은 숫자 코드(sref 코드)로 변환되며, 이 코드를 사용하여 향후 프롬프트에서 동일한 스타일을 재사용할 수 있습니다.

프롬프트에 sref 코드가 있으면 재실행 또는 변형을 사용해도 동일한 코드와 스타일이 유지됩니다. `--sref random`을 순열 또는 반복 프롬프트와 함께 사용하는 경우 각 이미지에는 다른 스타일과 코드가 적용됩니다.

코드와 함께 `--sw` 매개변수를 사용하여 임의 스타일이 이미지에 미치는 영향을 조정할 수 있습니다. 둘 이상의 코드를 사용하거나 이미지와 코드를 결합하여 코드를 혼합할 수도 있습니다.

prompt
jewelry simple luxury design, timeless heritage elegance, ultra-high resolution, no people --raw
--sref random

--sref 3828626919

--sref 3237589570

--sref 1943729176

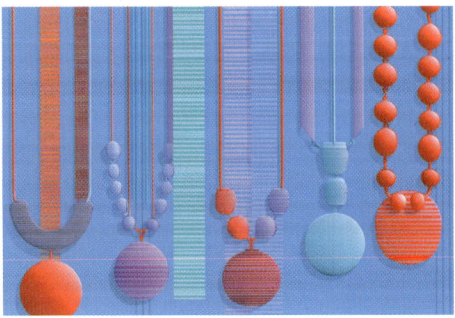

--sref 2111235525

prompt
jewelry simple luxury [귀걸이, 목걸이, 반지, 팔찌] design, timeless heritage elegance, ultra-high resolution, no people --raw **--sref 3828626919**

주얼리의 종류를 변경 또는 프롬프트를 변경해도 --sref 동일코드를 사용하면 동일한 스타일의 이미지가 생성됩니다

귀걸이

목걸이

반지

팔찌

각각 다른 4가지 프롬프트에 동일한 sref 코드 적용 예시

1 _ Prompt
Minimalist luxury earrings inspired by Zen aesthetics; made from brushed 18K gold with soft matte finish and subtle wave motifs, balanced composition with negative space; warm stone background, soft directional lighting, designed for high-end modern fashion campaigns, focus on calm elegance and timeless simplicity

2 _ Prompt
Sleek luxury necklace featuring a single fine line of freshwater pearls; suspended on transparent nylon thread for a floating effect, ultra-clean silhouette; minimal white glass surface background, ambient light reflection, styled for minimalist bridal or luxury editorial shoots, focus on purity and linear grace

3 _ Prompt
Luxury minimalist ring inspired by sculpted stones; crafted in platinum with raw-cut texture and a small flush-set black diamond, asymmetrical organic form; dark slate background, diffused spotlight, ideal for contemporary unisex jewelry collections, focus on texture, contrast, and restrained elegance

4 _ Prompt
Minimal luxury earrings inspired by Korean hanji paper; designed with frosted resin and gold inlay in delicate geometric cuts, evoking traditional elegance with modern refinement; soft textured paper backdrop, neutral lighting, curated for cultural concept stores or art jewelry lines, focus on surface delicacy and lightness

1 _ Prompt　　　　2 _ Prompt　　　　3 _ Prompt　　　　4 _ Prompt

소재, 컨셉, 배경을 각각 다르게 변경한 4가지의 프롬프트로 생성한 이미지이지만 모두 동일한 스타일의 이미지를 생성하고 있습니다

sref 코드 중복사용

--sref 코드는 여러 코드를 중복해서 사용할 수 있습니다. 중복 개수의 제한은 없으며, 멀티 프롬프트처럼 ::콜론을 사용하여 코드별 강도를 조절할 수도 있습니다

--sref 3828626919 1943729176   --sref 3237589570 2111235525   --sref 3828626919 3237589570   --sref 1943729176 2111235525

--sref 3828626919::2 1943729176::   --sref 3237589570::2 2111235525::1   --sref 3828626919::2 3237589570::1   --sref 1943729176::2 2111235525::1

프롬프트+이미지 프롬프트 or 스타일 레퍼런스+sref code

--sref 코드는 이미지 생성 시 스타일을 참조하는 파라미터이므로 이미지 생성 과정 전반에 걸쳐 자유롭게 적용하여 다양한 결과를 얻을 수 있습니다. 즉, 특정 제약 없이 필요한 모든 곳에 활용하여 원하는 스타일의 이미지를 생성할 수 있습니다.
--iw 이미지 웨이트, --sw 스타일 웨이트 값을 추가해서 다양한 이미지의 변형을 만들 수 있습니다.

Character Reference (V 6.1 이하)

캐릭터 레퍼런스란?

캐릭터 레퍼런스를 사용하면 여러 이미지에서 동일한 특정 캐릭터를 재현할 수 있습니다. Midjourney는 여러분이 제공한 캐릭터 사진을 분석하여 머리 색깔, 옷차림, 얼굴 특징과 같은 캐릭터의 고유한 특징을 파악합니다. 이렇게 얻은 정보를 바탕으로, Midjourney는 새로운 장면에서도 해당 캐릭터의 특징을 일관성 있게 유지하며 이미지를 생성해 냅니다. 즉, 캐릭터 레퍼런스를 활용하면 다양한 이미지 속에서 한 명의 캐릭터를 일관되게 표현할 수 있습니다.

기본 설정인 `--cw 100`에서 Midjourney는 얼굴, 머리카락, 옷차림 등 가능한 많은 디테일을 포함하려고 합니다. 하지만 다이얼 값을 `--cw 0`으로 낮추면 캐릭터의 얼굴에 주로 초점이 맞춰집니다. 이 설정을 통해 참조 이미지에서 얼마나 많은 디테일을 추출할지 유연하게 조정할 수 있습니다.

캐릭터 레퍼런스는 인물 이미지에 특화된 기능이라 주얼리 디자인에서는 흔히 사용되지는 않습니다. 하지만 아예 효과가 없는 것은 아닙니다. 주얼리 디자인에 캐릭터 레퍼런스를 활용하면 이미지 프롬프트와 스타일 레퍼런스 중간 정도의 창의적인 결과를 얻을 수 있습니다. 이미지 프롬프트만큼 강력하지는 않지만, 캐릭터의 외형적인 특징을 주얼리 디자인에 녹여낼 수 있습니다. 특히 특정 캐릭터를 개발한 후, 그 캐릭터의 특징을 주얼리에 적용하면 독창적인 디자인이 탄생할 수 있습니다.

prompt
jewelry simple luxury Necklace design, timeless heritage elegance, ultra-high resolution, no people --raw --cw 90 --stylize 50

캐릭터 레퍼런스 이미지

생성된 이미지

캐릭터 레퍼런스 이미지

생성된 이미지

Omni Reference

옴니 레퍼런스란?

옴니 레퍼런스를 사용하면 참조 이미지에서 가져온 캐릭터, 사물, 차량 또는 인간이 아닌 생물을 미드저니 창작물에 넣을 수 있습니다.

개인 설정 및 무드보드, 스타일화, 그리고 스타일 레퍼런스와 함께 사용할 수 있습니다!

다음은 옴니 레퍼런스 사용 시 유의사항입니다.

- **버전 제한**: 옴니 레퍼런스는 버전 7에서만 사용할 수 있습니다. 버전 6에서 사용되던 인페인팅이나 아웃페인팅과 같은 기능과는 함께 사용할 수 없습니다.
- **GPU 시간**: 옴니 레퍼런스를 사용하면 일반 V7 이미지 생성 시보다 2배 더 많은 GPU 시간이 소모됩니다.
- **편집 제한**: 현재 옴니 레퍼런스 이미지 결과는 `vari region`, `pan`, `zoom out` 기능과 호환되지 않습니다. 이러한 이미지를 편집하려면 midjourney.com 편집기에 이미지를 로드한 후, 이미지 참조와 `--oref` 또는 `--ow` 매개변수를 제거해야 합니다.
- **모드 제한**: 옴니 레퍼런스는 현재 `Fast Mode`, `Draft Mode`, `Conversational Mode`와 호환되지 않습니다.

텍스트 프롬프트의 중요성: 옴니 레퍼런스를 사용할 때 명확한 텍스트 프롬프트는 필수입니다. 레퍼런스 이미지 외에 **전체적인 장면 구성이나 추가적인 세부 정보를 텍스트로 상세히 설명해야 더욱 원하는 결과물을 얻을 수 있습니다.**

스타일 변경: 만약 참조 스타일과 다른 스타일을 이미지에 적용하고 싶다면, 프롬프트의 앞뒤에 원하는 스타일을 명확하게 명시하세요. 예를 들어 "짧은 회색 머리의 젊은 여성을 만화 스타일로 그린 일러스트"와 같이 작성하면 됩니다. 스타일 참조를 활용하고 옴니 레퍼런스 가중치를 낮추는 것도 좋은 방법입니다. 가중치를 낮추면 텍스트 프롬프트에 명시된 신체적 특징이 더욱 강조됩니다.

복잡한 세부 묘사: 옷에 있는 특정 주근깨나 로고와 같이 복잡하고 섬세한 부분은 레퍼런스 이미지와 완벽하게 일치하지 않을 수 있다는 점을 염두에 두세요.

옴니 레퍼런스 가중치

옴니 레퍼런스의 가중치 매개변수인 `--ow`를 사용하면 참조 이미지의 디테일이 새 이미지에 얼마나 반영될지를 조절할 수 있습니다. 이 값은 1부터 1,000 사이로 설정 가능하며, 기본값은 `--ow 100`입니다.

일반적으로 스타일화 값이 매우 높지 않다면 가중치를 400 미만으로 유지하는 것이 좋습니다. 그렇지 않을 경우 예상치 못한 결과가 나올 수 있습니다.

prompt
jewelry simple luxury Necklace design, timeless heritage elegance, ultra-high resolution, no people

프롬프트로만 생성된 이미지   옴니 레퍼런스 이미지

프롬프트 작성 시 "목걸이 디자인"처럼 포괄적인 의미로만 정의했을 때 `--ow` (옴니 레퍼런스 가중치) 값이 낮으면 스타일 레퍼런스와 비슷한 효과를 냅니다. 반면, `--ow` 값이 높아질수록 원본 레퍼런스 이미지와 더욱 유사해지는 것을 확인할 수 있습니다. 다만, 완벽하게 동일한 이미지가 생성되지는 않습니다.

--ow 75

--ow 400

이번에는 프롬프트 작성 시 레퍼런스 **이미지의 컨셉**을 적용하면 낮은 `--ow` (옴니 레퍼런스 가중치) 값에서도 유사한 컨셉의 이미지가 생성됩니다. 이는 다양한 이미지를 동일한 컨셉의 이미지로 만들어 낼 때 유용합니다.

prompt
jewelry simple luxury **Ballerina Inspired** design, timeless heritage elegance, ultra-high resolution, no people

--ow 75

--ow 400

New --exp parameter

새로운 `--exp` 매개변수에 대한 안내입니다.

- 이 매개변수는 이미지의 미적 표현을 실험적으로 조절하는 기능입니다.
- `--exp` 값은 0부터 100까지 설정할 수 있으며, 기본값은 0입니다.
- `--stylize`와 비슷하게 사용할 수 있으며 함께 적용도 가능합니다. 이미지를 더 디테일하고, 역동적이며 창의적으로 만들고 '톤 매핑' 효과를 더할 수 있습니다.
- 값이 높아질수록 프롬프트에 대한 정확도는 떨어지고 이미지의 다양성도 감소합니다.
- 주로 5, 10, 25, 50, 100 값을 사용하는 것을 권장합니다.
- 5에서 50 사이에서는 눈에 띄는 변화가 있지만, 50에서 100 사이에서는 변화폭이 상대적으로 작습니다.
- 25-50 이상의 매우 높은 값을 설정하면 `--stylize`나 `--p` 같은 다른 매개변수의 효과를 덮어쓸 수 있으니, 다른 매개변수와 함께 사용할 때는 낮은 값을 사용하는 것이 좋습니다.

Prompt

Ballerina-inspired pendant, [silver filigree], yellow and orange sapphires, diamonds; flowing dancer form, intricate detail; white background; graceful, fluid, elegant design; high-end craftsmanship, refined sophistication

Describe

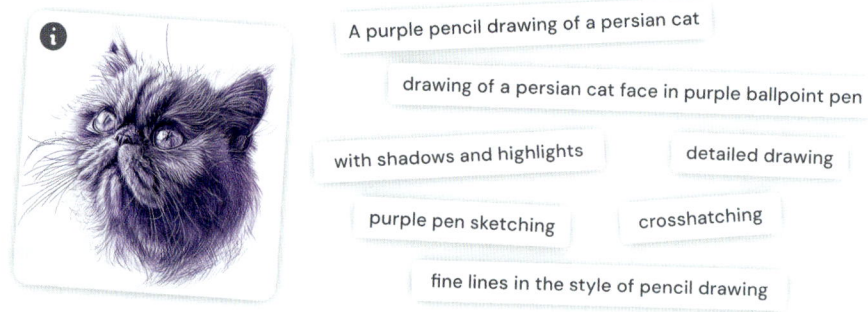

Describe란 무엇인가요?

설명 도구는 사용자가 업로드한 이미지를 분석하여 해당 이미지를 설명하는 단어와 구문을 제시해 줍니다. 이를 통해 창의적인 프롬프트를 생성하는 데 도움을 받을 수 있습니다. 새로운 스타일의 단어를 발견하고 텍스트 프롬프트에 대한 영감을 얻는 데 유용한 방법입니다.

Description 기능의 특징

- Description은 이미지를 텍스트로 변환하여 창의적인 아이디어를 떠올릴 수 있도록 돕는 도구이지만, 제안된 프롬프트가 원본 이미지를 정확하게 복사하는 것은 아닙니다.
- 동일한 이미지에 Description 기능을 여러 번 사용하더라도 Midjourney는 매번 다른 제안을 제공합니다. 이는 다양한 프롬프트 아이디어를 얻을 수 있도록 돕기 위한 것입니다.

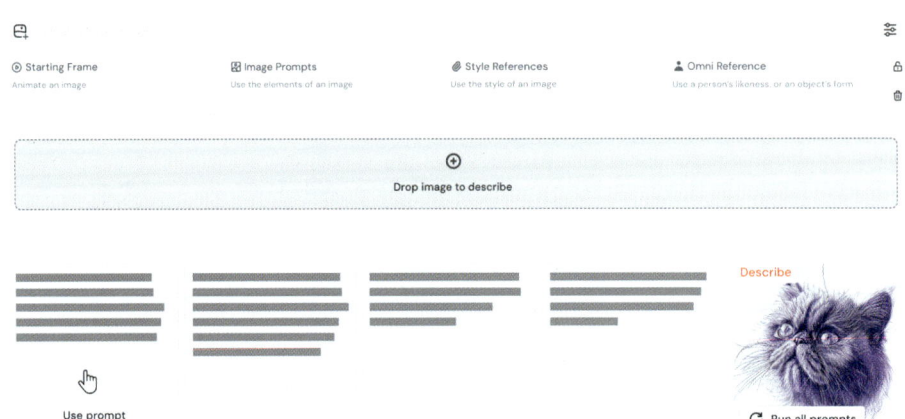

클릭 앤 드래그

이미지를 클릭하여 상상 막대 (Imagine Bar) 로 드래그하면 "이미지를 끌어서 설명하세요"라는 패널이 나타납니다. 이미지를 해당 패널 위로 놓으면 Midjourney의 만들기 페이지에 네 개의 메시지가 생성됩니다.

생성된 각 프롬프트에서 "프롬프트 사용" 버튼을 클릭하면 해당 텍스트가 Imagine Bar에 추가됩니다. 또는 "모든 프롬프트 실행" 버튼을 클릭하면 네 가지 프롬프트를 모두 즉시 시도할 수 있습니다.

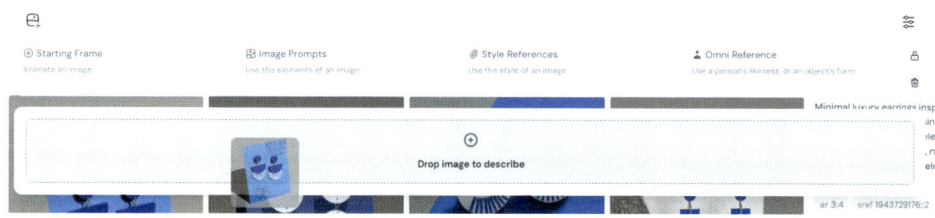

Describe 기능은 동일한 이미지라도 매번 다르게 해석하니 마음에 드는 해석이 나올때까지 반복해서 실행하는 것을 추천드립니다

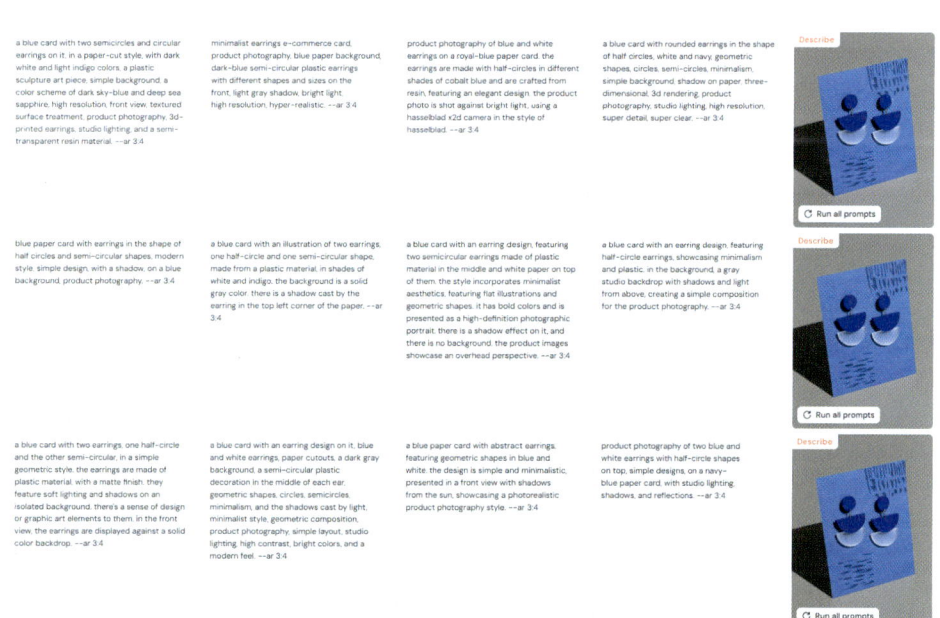

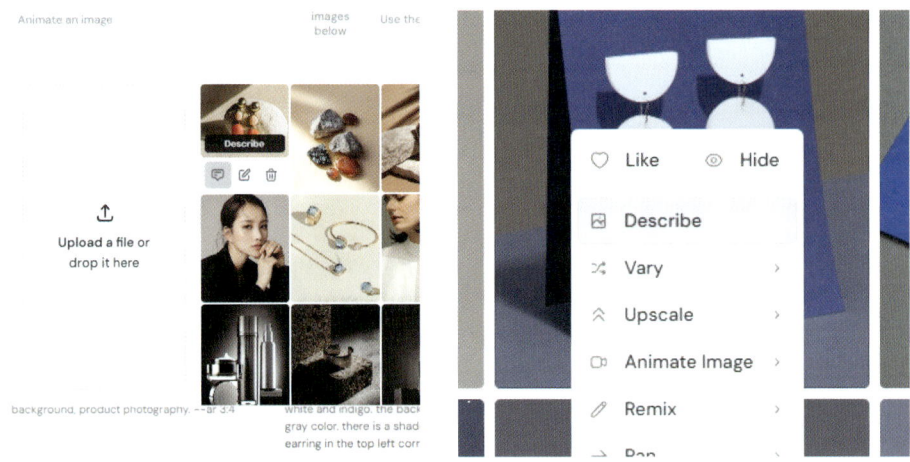

이미지바 업로드된 이미지, 생성된 이미지에서도 실행할 수 있습니다

Describe 활용

디스크라이브(Describe) 기능은 초기 아이디어 구상 단계에서만 사용되는 것이 아니라, 이미 생성된 이미지를 바탕으로 다양한 변형 버전을 만드는 데에도 유용합니다. 프롬프트를 수정하지 않고도 기존 이미지를 분석하여 새로운 아이디어를 도출하고, 동일한 콘셉트를 유지하면서도 여러 가지 스타일의 이미지를 생성할 수 있습니다. 즉, 원본 이미지를 기반으로 다양한 가능성을 탐색하고 발전시키는 데 효과적인 도구입니다.

프롬프트 생성 이미지

Describe 해석 이미지

Editor

미드저니 에디터는 midjourney.com에서 제공하는 웹 기반 이미지 편집 도구입니다. 미드저니에서 생성한 이미지뿐만 아니라 사용자가 직접 촬영한 이미지도 편집하고 조정할 수 있도록 설계되었습니다.

주요 기능

- **리믹스**: 기존 이미지를 변형하여 새로운 이미지를 생성합니다.
- **페인트(영역 변경)**: 이미지의 특정 부분을 지우거나 복원하여 수정할 수 있습니다.
- **팬**: 이미지의 캔버스를 확장하여 주변 영역을 추가하거나 변경합니다.
- **확대/축소**: 이미지의 크기를 조절합니다.
- **실행 취소/다시 실행/재설정**: 편집 작업을 취소하거나 다시 실행하고, 모든 편집 내용을 초기화할 수 있습니다.
- **이동/크기 조정**: 이미지를 캔버스 내에서 이동하고, 크기를 조절하며, 종횡비를 변경할 수 있습니다.
- **스마트 선택**: 이미지에서 지울 부분을 자동으로 선택하여 마스크를 생성합니다.
- **프롬프트 제안**: 이미지를 기반으로 프롬프트를 생성하여 새로운 이미지를 만들 수 있습니다.
- **레이어**: 여러 이미지를 레이어로 추가하여 복잡한 편집 작업을 수행할 수 있습니다.
- **리텍스처**: 이미지의 구조는 유지하면서 스타일을 변경하여 새로운 이미지를 생성합니다.
- **내보내기**: 편집한 이미지를 갤러리에 업스케일하거나 장치에 다운로드할 수 있습니다.

에디터 버전

- **라이트 버전**: 만들기 또는 구성 페이지에서 미드저니 이미지를 편집할 때 열리는 간소화된 버전입니다. 제작 피드에 가까이 있어 워크플로를 간편하게 합니다.
- **정식 버전**: 기본 탐색 메뉴에서 접근할 수 있으며, 외부 이미지 업로드 및 고급 편집 도구를 제공합니다.

Create에서 시작

Midjourney 이미지

"라이트" 편집기에서 Midjourney 갤러리의 이미지를 편집하려면 만들기 또는 구성 페이지에서 이미지를 클릭하여 연 다음 생성 작업 섹션에서 "편집" 버튼을 사용하세요.

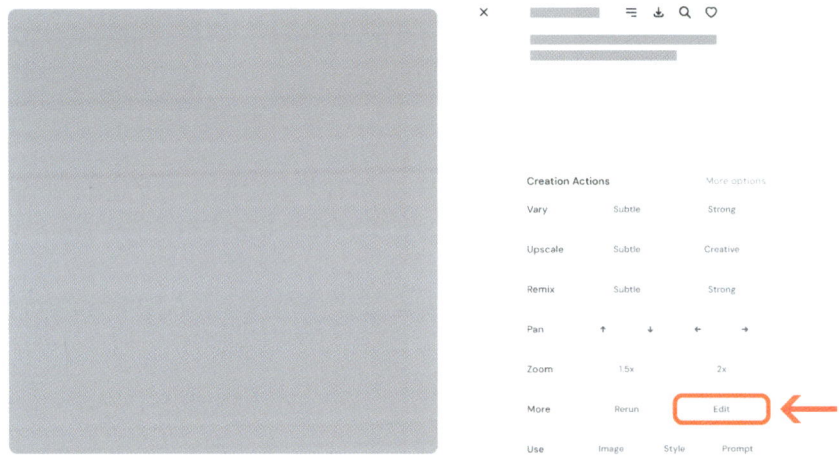

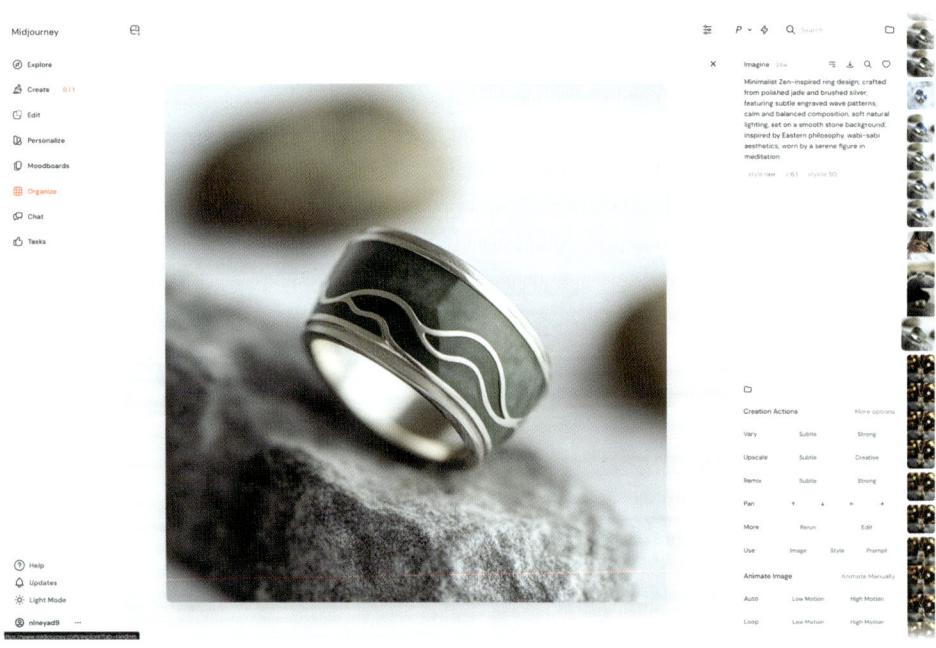

이미지 편집

이미지 변경할 부분을 페인트 기능으로 선택 후 프롬프트를 변경하여 이미지를 생성할 수 있습니다. 배경을 유지한고 선택한 대상을 변경할 수 있습니다

원본 이미지

귀걸이 프롬프트 변경 이미지

원본 이미지

배경 이미지 변경

자유로운 이미지 사이즈 및 위치 변경

이미지를 자유롭게 확대/축소하고 위치를 변경할 수 있습니다. 이는 펜(pen), 줌(zoom) 등의 기능을 한 번에 수행할 수 있도록 해주는 기능입니다. 다만, 이미지 자체의 크기가 변경되는 것은 아닙니다.

이미지 확대

이미지 축소

Smart Select

스마트 선택 도구는 이미지의 특정 부분을 선택하여 마스크를 생성하는 방식으로 작동합니다. 다음 단계를 따라 사용해 보세요.

- **스마트 선택 도구 활성화**: 먼저 "스마트 선택" 버튼을 눌러 도구를 활성화합니다.
- **긍정적 지점 설정**: 이미지에서 선택하고 싶은 영역을 클릭하여 첫 번째 긍정적(포함) 지점을 설정합니다. 이 지점을 통해 Midjourney가 어디에 초점을 맞춰야 하는지 알 수 있습니다.
- **마스크 정교화**: 마스크를 더욱 세밀하게 조정하려면 긍정적인 점과 부정적인(제외) 점을 추가합니다. 제외 점은 Midjourney에서 선택하지 않아야 할 영역을 표시합니다.
- **포인트 추가**: 원하는 영역이 마스크로 완전히 덮일 때까지 포인트를 계속 추가합니다.
- **마스크 적용 옵션 선택**: 마스크가 완성되면 두 가지 옵션 중에서 선택합니다.
- **선택 영역 지우기**: 마스크 내부의 내용을 지우려면 "선택 영역 지우기" 버튼을 누릅니다.
- **배경 지우기**: 마스크 외부의 모든 내용을 지우려면 "배경 지우기" 버튼을 누릅니다.
- **마스크 적용**: 이미지 편집 내용을 제출하기 전에 "선택 영역 지우기" 또는 "배경 지우기" 버튼을 사용하여 마스크를 적용합니다.
- **마스크 재설정**: 마스크를 지우고 다시 시작하려면 재설정 새로 고침-아이콘.svg 버튼을 사용합니다.

"라이트" 편집기에서 전체 편집 페이지로 이미지를 옮기려면 "편집 탭에서 열기" 버튼을 사용하세요.

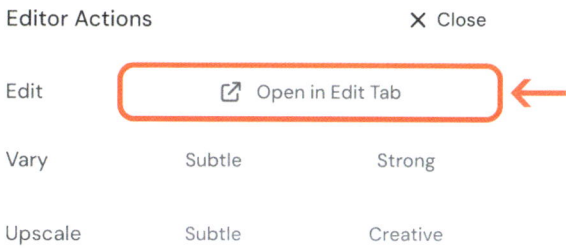

외부 이미지 편집

외부 이미지를 편집하려면 편집 페이지로 이동하세요. 이 페이지에는 두 가지 옵션이 있습니다. 장치에서 직접 이미지를 업로드하거나 이미지 URL을 붙여넣을 수 있습니다.

레이어

레이어 패널을 사용하면 원본 이미지 위에 추가 이미지를 겹쳐 복잡한 구성을 만들 수 있습니다.

- **레이어 추가**: "추가" 버튼을 클릭하고 새 이미지를 선택하여 레이어를 추가합니다.
- **레이어 순서 변경**: 레이어를 클릭한 채 드래그하여 순서를 변경합니다.
- **레이어 삭제**: 레이어 위에 마우스를 올리고 휴지통 아이콘을 클릭하여 삭제합니다.
- **레이어 편집**: 새 레이어를 추가하면 편집 도구를 사용하여 선택 영역을 만들고, 일부를 지우거나, 이동 및 크기를 조절할 수 있습니다. 편집 도구는 체크 표시가 된 활성 레이어에만 적용됩니다.
- **레이어 병합**: 레이어를 정리하고 삭제한 후에는 편집 내용을 제출하여 모든 레이어를 단일 레이어로 병합할 수 있습니다. 병합 후 이미지 작업을 계속하거나 크기를 조정하여 다운로드할 수 있습니다.
- **레이어 편집 시 유의사항**: 레이어를 사용하여 편집 내용을 제출하면 투명하게 보이는 부분(회색 체크 무늬)만 재생성됩니다. 보이는 부분은 변경되지 않습니다. 전체 이미지를 하나의 스타일로 다시 생성하려면 Retexture 기능을 사용하세요.

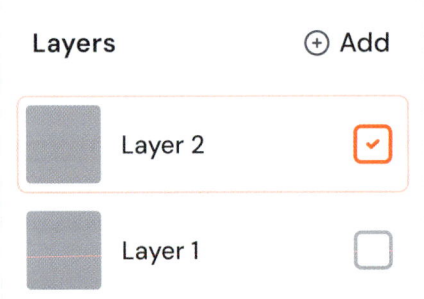

Retexture

리텍스처 도구는 원본 이미지의 구조는 유지하면서 새로운 스타일과 세부 정보를 덧입히는 기능입니다. 마치 템플릿을 사용하는 것과 유사합니다. 리텍스처를 사용하려면 편집기 페이지 상단의 "Retexture" 탭을 클릭하고, 새로운 프롬프트를 추가한 후 제출하면 됩니다.

원본 이미지

소재 변경

원본 이미지

--sref coed 추가

Part 6
나만의 스타일 만들기

Personalization

무드보드 만들기

Part 6
나만의 스타일 만들기

Personalization

개인 설정 프로필과 무드보드를 활용하여 사용자만의 이미지 스타일을 만들 수 있습니다. 명령어는 `--p`를 사용합니다.

Personalization / 개인화

Personalization / 개인화는 Midjourney에서 이미지를 생성할 때 사용자의 스타일을 반영하는 "스타일 도우미" 역할을 합니다. 사용자가 이미지에 '좋아요'를 누르거나 순위를 매기고 무드보드를 만들면, Midjourney는 이러한 활동을 통해 사용자의 시각적 선호도를 학습합니다. 학습된 정보를 바탕으로 사용자의 취향과 고유한 스타일에 맞는 이미지를 생성하는 것이죠.

특히 버전 7의 경우, 글로벌 개인화 데이터는 각 Midjourney 버전에 연결되어 있기 때문에 버전 6.1의 순위 정보가 버전 7 글로벌 프로필로 자동 이전되지 않습니다. 버전 7을 사용하려면 새로운 V7 글로벌 개인화 프로필을 잠금 해제해야 합니다. 이를 위해서는 최소 200쌍의 이미지에 등급을 매겨야 합니다.

글로벌 프로필을 잠금 해제한 후에는 원하는 경우 개인 설정을 끌 수도 있고, V7 프롬프트에 V6 글로벌 프로필 코드를 추가할 수도 있습니다.

개인 설정 페이지에서 여러 개의 개인 설정 프로필을 만들고 관리할 수 있습니다. 각 프로필은 고유 ID를 가지며, 이 ID를 사용하면 프롬프트에 해당 프로필 코드를 생성할 수 있습니다. 즉, 각기 다른 스타일이나 분위기의 프로필을 여러 개 만들어 두고 필요에 따라 선택하여 사용할 수 있습니다.

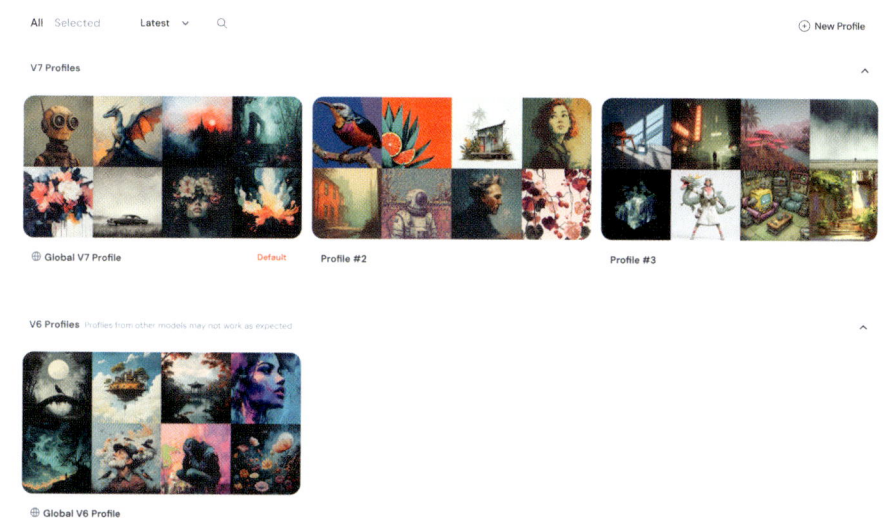

글로벌 프로필

글로벌 프로필은 기본 프로필이며, 추가 프로필을 생성하려면 먼저 이미지 순위를 매겨 이 기본 프로필의 잠금을 해제해야 합니다. 글로벌 프로필 순위를 매길 때는 "건너뛰기"를 최대한 피하는 것이 좋습니다. 데이터가 많을수록 더욱 정교하게 조정된 글로벌 프로필을 만들 수 있기 때문입니다.

탐색 페이지에서 다른 사용자의 이미지에 '좋아요'를 누르면 글로벌 프로필에만 영향을 미치며, 특히 V7으로 생성된 이미지에 '좋아요'를 누르면 V7 글로벌 프로필에, V6로 생성된 이미지에 '좋아요'를 누르면 V6 글로벌 프로필에 영향을 줍니다.

표준 프로필 (순위가 매겨진 프로필)

표준 프로필은 특정 스타일에 집중하기 위해 만들 수 있는 추가 프로필입니다. 이미지 쌍의 순위를 매겨 Midjourney에 어떤 스타일을 선호하는지 알려줄 수 있습니다.

웹사이트에서 이미지 미학 순위를 매길 때, 개인 설정 페이지에서 어떤 프로필에 순위를 올릴지 선택해야 합니다. 새로운 순위 데이터는 선택한 프로필에만 적용됩니다.

무드보드 프로필

무드보드 프로필은 특정 분위기나 느낌을 주는 이미지를 선택하여 만들 수 있습니다. 직접 이미지를 업로드하거나, 이미지 URL을 제공하거나, 갤러리에서 이미지를 선택하여 무드보드를 구성할 수 있습니다.

개인화 사용

`--p` 명령어를 사용하여 개인 설정 프로필을 프롬프트에 적용할 수 있습니다.

- **기본 프로필 적용**: 프롬프트 끝에 `--p`를 추가하면 기본 개인 설정 프로필이 자동으로 적용됩니다.
- **특정 프로필 적용**: 특정 프로필을 사용하려면 개인 설정 페이지로 이동하여 해당 프로필 위에 마우스를 올리고 "프로필 사용" 버튼을 클릭합니다. 그러면 해당 프로필 ID가 프롬프트 끝에 추가됩니다 (예: `--p pID`).
- **이전 프롬프트 코드 사용**: 이전 프롬프트에서 사용했던 특정 코드를 `--p code` 형식으로 사용할 수도 있습니다.

portrait of a cat --p xjspemh

프로필 관리

프로필 이름 변경 및 삭제를 통해 프로필 관리가 가능합니다. 이름 변경은 세 개의 점 아이콘 클릭 후 연필 아이콘을, 삭제는 휴지통 아이콘을 클릭하여 진행할 수 있습니다. 프로필을 삭제하면 프로필 목록에서 사라지고 새로운 데이터를 추가할 수 없게 되지만, 삭제된 프로필에서 이미 생성된 코드는 계속 유효하므로 추후 메시지에서 해당 스타일을 유지할 수 있습니다.

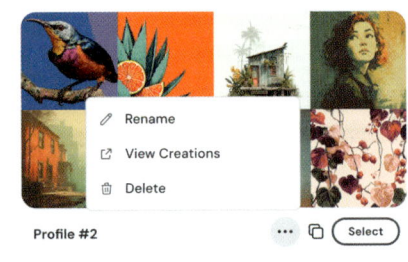

개인화로 스타일 지정

개인 설정을 활용할 때 스타일 매개변수는 이미지에 개인 설정이 얼마나 반영될지를 조절하는 역할을 합니다. 스타일 값을 낮게 설정하면 개인 설정의 영향이 줄어들고, 높게 설정하면 개인 설정이 더 강하게 적용됩니다. 스타일 매개변수의 범위는 0부터 1000까지이며, 기본값은 100입니다.

글로벌 프로필 만들기

글로벌 프로필은 미드저니의 기본 프로필이며, V6와 V7 버전별로 별도의 프로필이 생성됩니다. 각 버전의 특징에 맞춰 프로필을 설정하면 더욱 다양한 컨셉의 이미지를 만들 수 있습니다. 글로벌 프로필 외에도 특정 스타일의 프로필을 추가로 생성할 수 있습니다. 여러 프로필을 구분하여 사용하면 원하는 목적에 맞는 이미지를 보다 쉽게 제어하고 생성할 수 있습니다.

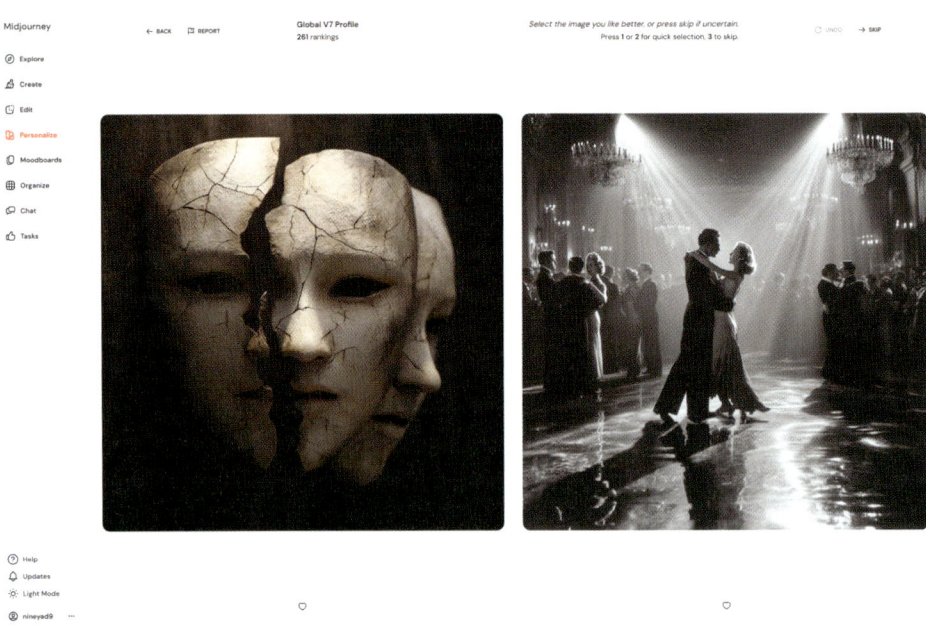

글로벌 프로필을 처음 생성할 때는 200개 이상의 이미지를 선택해야 하므로 시간이 꽤 걸릴 수 있습니다. 또한 선택한 이미지가 어떤 느낌으로 생성될지는 완료 후에야 확인할 수 있어서 지속적인 관리가 필요합니다. 단기간에 끝내기보다는 장기간 꾸준히 이미지를 추가하며 만들어가는 것을 추천합니다. 오랜 시간 작업해야 하는 만큼, 초기 단계에서 명확한 컨셉을 정한 후 시작하는 것이 좋습니다. 타이틀 제목을 컨셉에 맞춰 설정하는 것도 좋은 방법입니다.

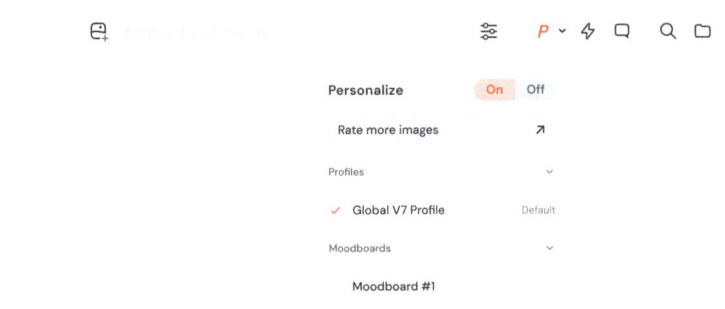

"Use Profile"을 클릭하여 개인화 코드 `--p`를 생성할 수 있으며, 이미진 바에서 P 아이콘을 클릭하면 생성한 프로필을 선택할 수 있습니다. 프로필은 단일 사용뿐만 아니라 복수로도 사용 가능하며, 프로필과 무드보드를 함께 사용하는 것도 가능합니다.

프로필은 --stylize(0~1000)의 값으로 이미지의 강도를 조절할 수 있습니다.

글로벌 프로필 예시

prompt
Luxury Hermes-inspired ring with a sculptural platinum band holding a rough uncut diamond, contrasting refined metal with natural texture. Photographed on a stone surface under soft daylight, evoking purity and timeless elegance, cinematic fine jewelry photography. --profile 28777hz
에르메스에서 영감을 받은 럭셔리 반지, 조각적인 플래티넘 밴드에 거친 원석 다이아몬드를 세팅한 디자인. 세련된 금속과 자연스러운 질감의 대비, 부드러운 자연광 아래 스톤 배경에서 촬영된 시네마틱 하이엔드 주얼리 사진.

프롬프트 생성 이미지

--profile 28777hz

--profile 43em8aa

--profile 127kg1b

2개 이상의 프로필 사용 예시

2개 이상의 프로필을 사용할 수 있고 여기에 --sref 코드 + 무드보드 또한 결합하여 사용 가능합니다.

--profile 28777hz 43em8aa   --profile 28777hz --sref 3828626919

무드보드 만들기

무드보드 생성은 글로벌 프로필 생성과 달리, 본인이 생성한 이미지 또는 만들고 싶은 분위기의 이미지를 직접 선택하여 만들기 때문에 직관적이며 더욱 명확한 나만의 스타일을 만들 수 있습니다.

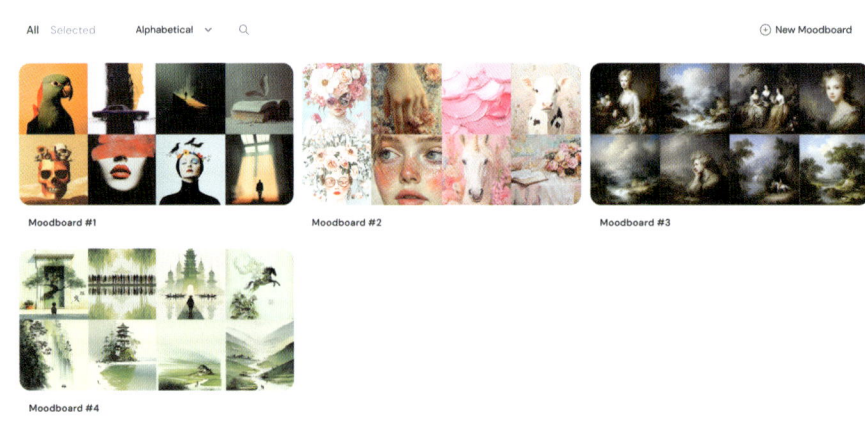

New Moodboard를 클릭하면 새로운 보드 만들기를 시작할 수 있습니다

Moodboard #1

본인이 가지고 있는 이미지를 직접 업로드 할 수도 있고, 외부 이미지의 링크로 생성 또는 미드저니에서 생성한 이미지를 선택하여 보드를 만들 수 있습니다.

미드저니에서 이미지를 생성하고 마음에 드는 특정 이미지가 있다면 "Vary" 작업을 통해 해당 이미지의 여러 변형을 생성할 수 있습니다. 그런 다음 이 이미지들을 모아 무드보드처럼 만들면 동일한 컨셉의 이미지를 지속적으로 만들 수 있습니다. 이는 `--sref` 코드를 사용하는 것과 유사하게 주얼리 세트 구성 작업 시 통일된 이미지를 생성하는 데 매우 유용합니다.

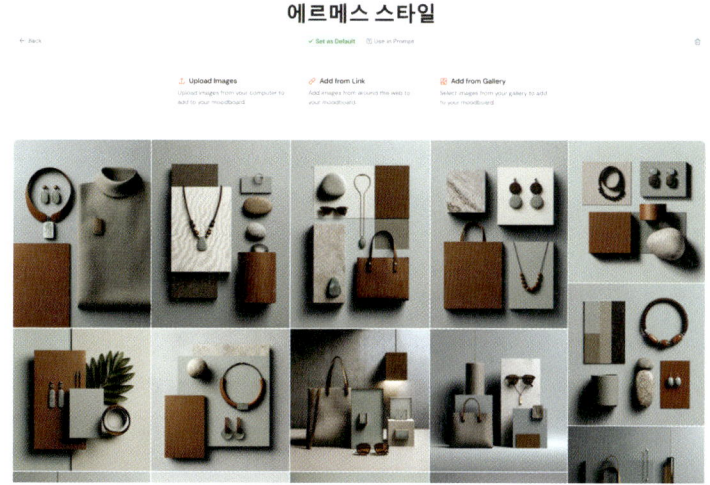

무드보드 예시

prompt
Luxury Hermes-inspired ring featuring a sculptural platinum band embracing a rough uncut diamond. The design reflects refined craftsmanship, sculptural minimalism, and timeless French elegance. Photographed on a stone surface under soft daylight, cinematic fine jewelry photography --raw **--profile 127kg1b**
에르메스 특유의 조형적 미니멀리즘과 프렌치 엘레강스를 반영한 플래티넘 반지, 거친 원석 다이아몬드를 품은 세련된 디자인. 정제된 장인정신과 절제된 럭셔리를 표현하며, 부드러운 자연광 아래 스톤 배경에서 촬영된 시네마틱 하이엔드 주얼리 사진.

무드보드 미 적용 이미지

--stylize 200

--stylize 600

--stylize 1000

기타 작업에 도움이 되는 Parameter

미드저니 이미지 생성에 편의성을 높여줄 파라미터를 소개합니다

Permutations 순열

순열은 하나의 프롬프트에서 여러 가지 다른 프롬프트를 생성하는 방법입니다. 프롬프트 내 특정 부분(예: 빨강, 노색, 노랑)을 바꿔 다양한 버전을 만들 수 있습니다. 일일이 직접 입력하는 대신, 한 번만 작성하고 옵션을 중괄호 `{ }` 안에 쉼표로 구분하여 입력하면 미드저니가 나머지를 처리합니다.

예를 들어, 프롬프트에 `a {red, green, yellow} bird`를 입력하면 미드저니는 "빨간색", "녹색", "노란색"을 교체하여 다음과 같이 세 가지 다른 프롬프트를 제공합니다.

- A red bird
- A green bird
- A yellow bird

매개변수를 포함하여 프롬프트의 모든 부분에 순열을 사용할 수 있습니다. 예를 들어, 동일한 프롬프트를 여러 종횡비로 시험해 보려면 `--ar {1:1, 2:3, 3:5}`를 사용할 수 있습니다.

사용 가능한 순열의 수는 구독 플랜에 따라 다릅니다.

- **Basic Plan**: 최대 4개 프롬프트 생성
- **Standard Plan**: 최대 10개 프롬프트 생성
- **Pro 및 Mega Plan**: 최대 40개 프롬프트 생성

순열은 **Fast 모드와 Turbo 모드에서만 작동**하며, Relax 모드에서는 작동하지 않습니다.

V6.1 / 7, Personalization, Sref 한번에 실행하기

V6.1, V7 한번에 실행하기
prompt
Jewelry Simple Luxury Designs --v {6.1, 7}

개인화코드 한번에 적용
prompt
{Jewelry Simple Luxury Designs} --raw --stylize 50 {,--p}

스타일 레퍼런스 코드 한번에 적용
prompt
Jewelry Simple Luxury Designs --raw --stylize 50 {,--sref random}

Repeat 반복하다

Midjourney에서 반복이란 프롬프트를 여러 번 실행하여 다양한 결과물을 얻는 기능을 말합니다. 동일한 프롬프트를 제출하더라도 Midjourney는 매번 고유한 이미지를 생성하는데, `repeat` 매개변수를 사용하면 이 과정을 여러 번 반복하여 다양한 결과물을 한 번에 얻을 수 있습니다.

예를 들어, 동일한 프롬프트로 3개의 이미지 세트를 생성하고 싶다면 프롬프트 끝에 `--r 3`을 추가하면 됩니다.

사용 가능한 반복 횟수는 구독 플랜에 따라 다릅니다.

- 기본 플랜: 2~4회
- 스탠다드 플랜: 2~10회
- 프로 및 메가 플랜: 2~40회

반복 횟수는 빠른 모드(`Fast mode`)와 터보 모드(`Turbo mode`)에서만 작동하며, 릴렉스 모드(`Relax mode`)에서는 작동하지 않습니다.

Part 7
Midjourney Workflow

Midjourney Workflow 1 ~ 12

Part 7

Midjourney Workflow

Midjourney Workflow 1

가장 기본적인 이미지 변형

이미지의 비율의 조정만으로도 다양한 이미지의 변화를 만들 수 있습니다. 주얼리 형태에 어울리는 비율을 선택하는 것은 이미지에 큰 영향을 미칩니다. 반지나 귀걸이 같은 경우 1:1 비율이 적절하고, 펜던트 목걸이는 세로형, 팔찌 같은 디자인은 가로형이 어울립니다. 예를 들어 목걸이 디자인의 경우 1:1 비율로 이미지를 생성하면 줄 디자인이 잘 보이지 않거나 줄이 말려 있고, 바닥에 눕혀져 있는 등의 이미지가 생성될 수 있습니다.

--sref 1268745487를 사용하여 이미지의 일관성을 유지하고 변화를 확인합니다

Prompt
Simple Luxury Jewelry Design, raw diamond in the shape rough edges Pendant --raw --sref 1268745487 --stylize 50

--ar 1:1

--ar 4:3

--ar 3:2   --ar 2:3

Prompt

an aquamarine pendant with a leather cord and silver clasp on a blue background, product photography. --ar 1:1 --seed 1143314849 --raw --stylize 200

--ar 1:1   --ar 2:3

Midjourney Workflow 2

프롬프트 발전시키기

처음 이미지를 생성하기 위한 프롬프트 작성은 마치 백지에 첫 선을 긋는 것처럼 느껴질 수 있습니다. 하지만 걱정하지 마세요. 간단한 프롬프트만으로도 훌륭한 결과물을 만들어 낼 수 있습니다. 이미지를 만들어가는 과정에서 아이디어를 조금씩 추가하다 보면, 세상에 단 하나뿐인 특별한 주얼리 디자인을 완성할 수 있습니다.

시작
시작은 간결한 프롬프트로 이미지 생성
동일한 프롬프트라도 매번 다르게 이미지가 생성되니 마음에 드는 이미지가 나올때까지 반복하여 생성합니다.

Prompt
Jewelry Simple Luxury Design

Stylize
Stylize 값에 따라 동일한 프롬프트로도 다양한 이미지가 생성됩니다. 값의 범위는 0부터 1000까지이며, 순열 기능을 사용하면 한 번에 여러 Stylize 값을 적용한 이미지를 최대 10개까지 만들 수 있습니다. --s, --stylize는 동일한 표현입니다.
Stylize 값이 높다고 무조건 이미지가 잘 생성되는 것은 아닙니다. 다만 프롬프트가 포괄적인 경우는 Stylize 값을 높여 미드저니의 예술성(미학)을 높이는 것도 하나의 방법입니다.

Prompt

Jewelry Simple Luxury Design --Stylize {50, 300, 500, 750}

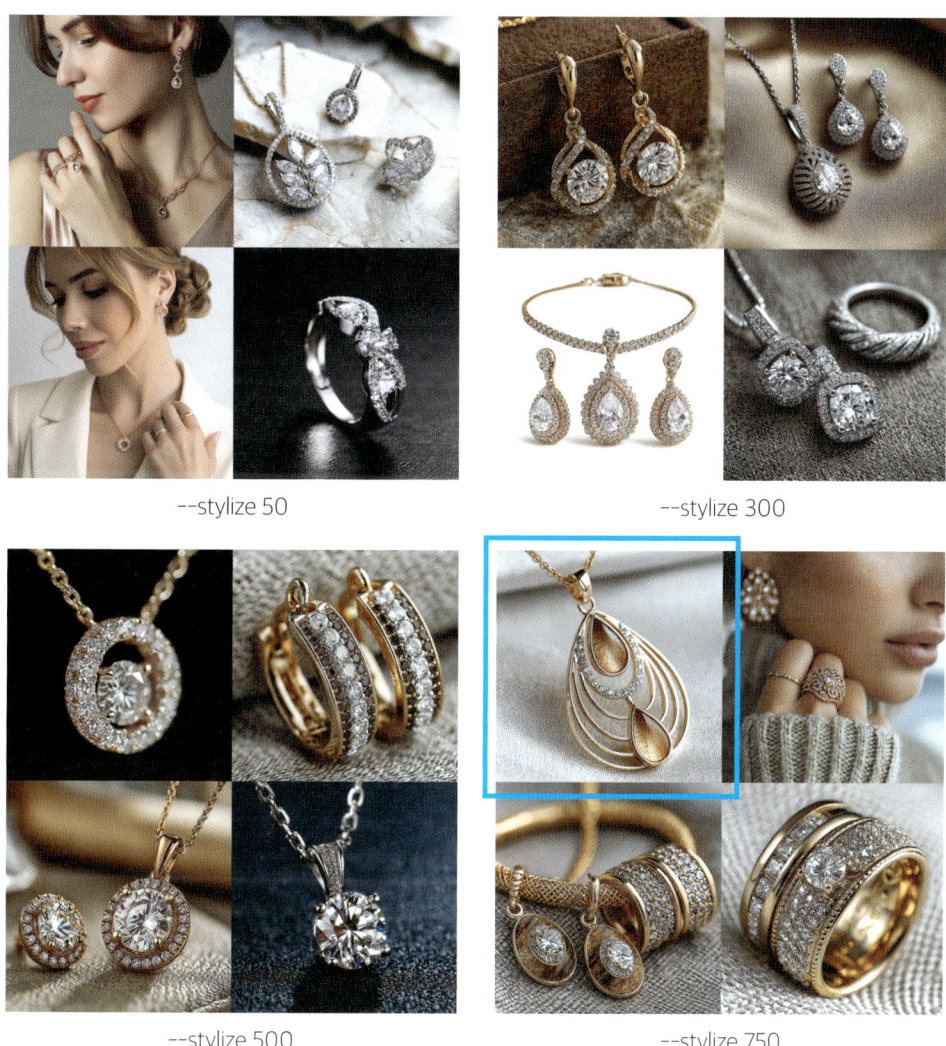

--stylize 50

--stylize 300

--stylize 500

--stylize 750

--stylize 낮을때는 프롬프트에 집중하고 --stylize 값이 높아질수록 이미지가 화려하고 과한 디자인이 만들어 집니다. 또한 이미지 전체를 꽉 채운 이미지가 생성됩니다.

Vary Subtle / Strong

Vary Subtle과 Strong 기능을 활용하여 이미지를 다양하게 변형할 수 있습니다. 초기 단계에서는 원하는 이미지가 나올 때까지 Vary Strong을 사용하여 여러 스타일의 이미지를 시도해 보는 것이 좋습니다.

Vary Subtle   Strong

Remix

Remix 기능을 사용하여 아래 요소들을 변형할 수 있습니다

- 프롬프트 수정(주얼리 종류의 변경, 소재, 스타일, 영감)
- sref code 적용
- 개인화 코드 적용 (--P)

귀걸이로 프롬프트 변경

Prompt

Earrings Jewelry Simple Luxury Design --raw --stylize 150

Remix Subtle   Remix Strong

Remix 소재 프롬프트 변경 (Platinum, Obsidian)

Prompt

Earrings Jewelry Simple Luxury Design **Platinum, Obsidian** --raw --stylize 150

Remix Subtle   Remix Strong

Remix 프롬프트 스타일 / 영감 변경 (Hermes style, Aurora Inspired)

Prompt

Earrings Jewelry Simple Luxury Design, **Hermes style, Aurora Inspired**, Platinum, Obsidian --raw --stylize 150

Remix Subtle   Remix Strong

Remix sref code 적용 (--sref 3828626919 1943729176)

Prompt
Earrings Jewelry Simple Luxury Design, Hermes style, Aurora Inspired, Platinum, Obsidian --raw **--sref 3828626919 1943729176** --stylize 150

Remix Subtle

Remix Strong

Remix 개인화 코드 적용 (--p 28777hz)

Prompt
Earrings Jewelry Simple Luxury Design, Hermes style, Aurora Inspired, Platinum, Obsidian **--profile 28777hz**

Remix Subtle

Remix Strong

Describe

마지막으로 Describe 기능을 사용하여 이미지를 재해석하여 다양한 변화를 확인합니다

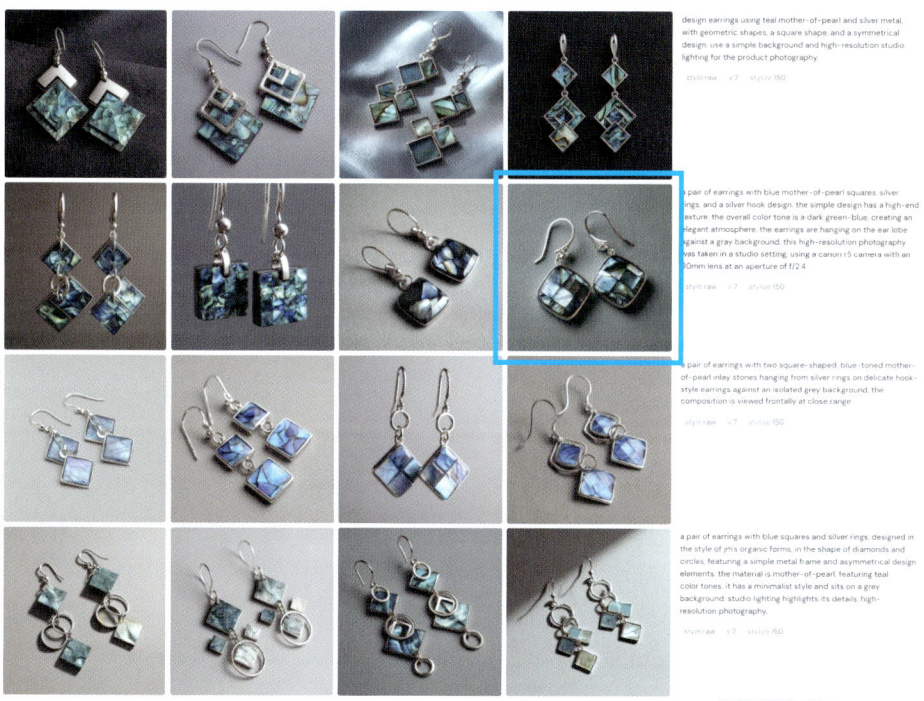

최종 완성된 이미지

Midjourney Workflow 3

이미지 프롬프트

이미지 프롬프트는 텍스트만으로는 설명하기 어려운 시각적인 요소들을 Midjourney에 전달하는 데 핵심적인 역할을 합니다. 특히, 원하는 이미지의 구체적인 형태나 스타일을 정확하게 반영하고 싶을 때 유용합니다. 예를 들어, 특정 이미지의 레이아웃이나 색감, 질감을 참고하여 자신의 이미지에 적용하거나, 여러 이미지를 조합하여 독창적인 새로운 이미지를 만들 때 효과적인 방법으로 단순히 이미지를 보여주는 것을 넘어, 창의적인 아이디어를 시각적으로 구체화하고 발전시키는 데 도움을 줍니다.

- 단일 이미지 프롬프트 + 텍스트 프롬프트
- **--iw (1~3) 이미지 가중치**
- 텍스트가 없는 여러 이미지 프롬프트들
- 복수의 이미지 적용에 우선순위 더하기
- 복수의 이미지 프롬프트 + 텍스트 프롬프트

prompt
Jewelry Simple Luxury Design

--iw 값이 높아질수록 레퍼런스 이미지에 가까워 집니다. --iw 0.5 처럼 소수점을 적용해 이미지의 강도를 줄일 수도 있습니다.

--iw 1

--iw 2

--iw 3

텍스트가 없는 여러 이미지 프롬프트들

여러 이미지 프롬프트를 사용하는 경우는 텍스트 프롬프트 없이 적용이 가능합니다. 이미지 프롬프트만 사용하는 경우는 형태나 스타일이 비슷한 이미지를 사용할때 효과적입니다.

이미지 프롬프트를 사용하다 보면 특정 이미지를 강조해서 생성하고 싶을때가 있습니다. 6.1 버전 디스코드 사용에서는 이미지 프롬프트에도 멀티 프롬프트가 적용되었지만 홈페이지에서는 아직 적용되고 있지는 않습니다. 정식적인 방법은 아니지만 이미지 프롬프트로 생성된 이미지와 레퍼런스 이미지를 반복 적용하면 멀티 프롬프트와 같은 효과를 만들 수 있습니다

목걸이 이미지 강조   가방 이미지 강조

이미지 강조의 다른 방법

동일한 이미지를 이미지 프롬프트에 반복적으로 사용하더라도 Midjourney는 이를 하나의 이미지로 인식하여 중복 적용하지 않습니다. 하지만, 원본 이미지와 미세하게 다른 4개의 이미지를 'Vary Subtle' 기능을 통해 생성하면 각 이미지가 별개로 취급되어 원하는 만큼 여러 번 중복하여 적용할 수 있습니다. 즉, 원본 이미지를 기반으로 미묘한 변화를 준 여러 개의 변형 이미지를 생성하여 이미지 프롬프트에 활용하면 동일한 이미지를 반복 사용하는 것과 같은 효과를 낼 수 있습니다.

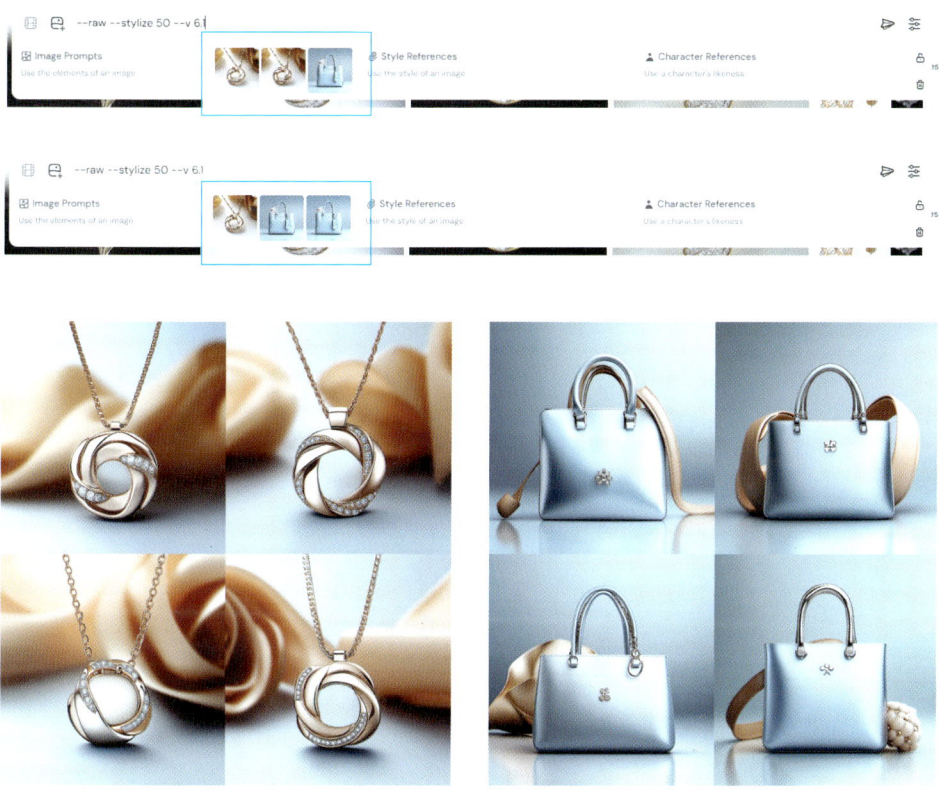

목걸이 이미지 강조   가방 이미지 강조

복수의 이미지 프롬프트 + 텍스트 프롬프트

여러 이미지 프롬프트와 텍스트 프롬프트를 함께 활용하면 더욱 창의적인 이미지를 만들 수 있습니다. 하지만 이미지 프롬프트를 과도하게 많이 사용하면 결과물을 예측하기 어렵고 통제하기 힘들 수 있으므로, 최대 3장 정도의 이미지 프롬프트를 사용하는 것을 권장합니다.

prompt
Jewelry Simple Luxury Design

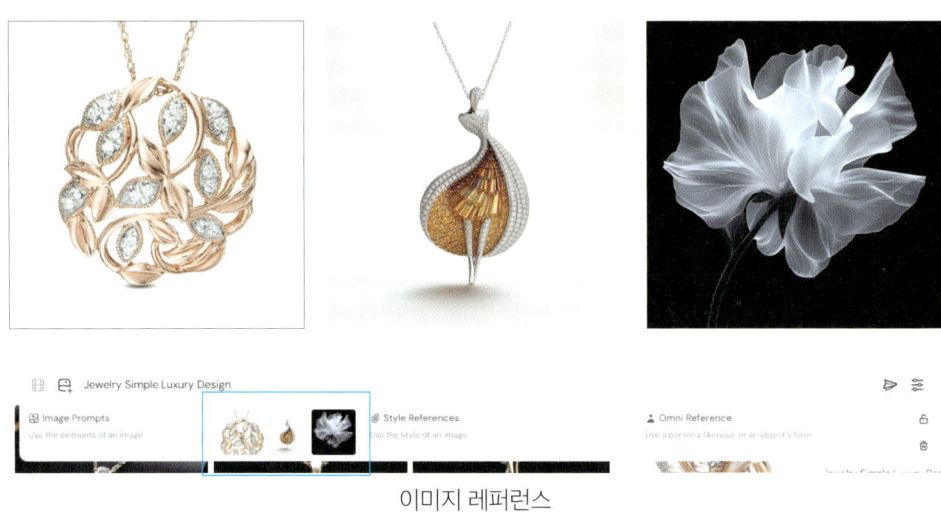

이미지 레퍼런스

Midjourney Workflow 1에서와 같이 Describe, --v, --stylize, --sref, --P 추가 적요이 가능합니다

Midjourney Workflow 4

주얼리 디자인 일관성 유지하기

미드저니를 사용해 주얼리 이미지를 생성할 때마다 결과물이 매번 달라지는 점은 때로는 장점이 되기도 하지만, 때로는 아쉬움으로 느껴질 수도 있습니다. 특히 주얼리 세트 구성이나 동일한 이미지에서 소재만 변경하는 등, 하나의 이미지를 기반으로 다양한 변화를 주고 싶을 때는 더욱 그렇습니다. 100% 완벽하게 동일한 이미지를 매번 생성하는 것은 아직까지는 어렵지만, V7 버전에서는 이전 버전에 비해 이미지의 일관성을 상당히 높여 이러한 아쉬움을 많이 해소할 수 있게 되었습니다. V7 버전을 활용하면 더욱 만족스러운 주얼리 이미지 제작이 가능할 것입니다.

- seed
- --iw (1~3) + Style Reference
- Omni Reference

seed

미드저니에서 이미지를 생성하면 각 이미지에는 고유한 'seed' 번호가 부여됩니다. `--seed` 파라미터를 사용하면 특정 seed 번호의 이미지를 참조하여 새로운 이미지를 생성할 수 있습니다. 즉, 특정 이미지의 스타일이나 구도를 유지하면서 약간의 변형을 주고 싶을 때 유용하게 활용할 수 있습니다.

prompt
Jewelry Simple Luxury Designs, Necklaces
--seed 2200391144

--iw

Jewelry Simple Luxury Designs, pendant --raw --stylize 50 **--iw 3**

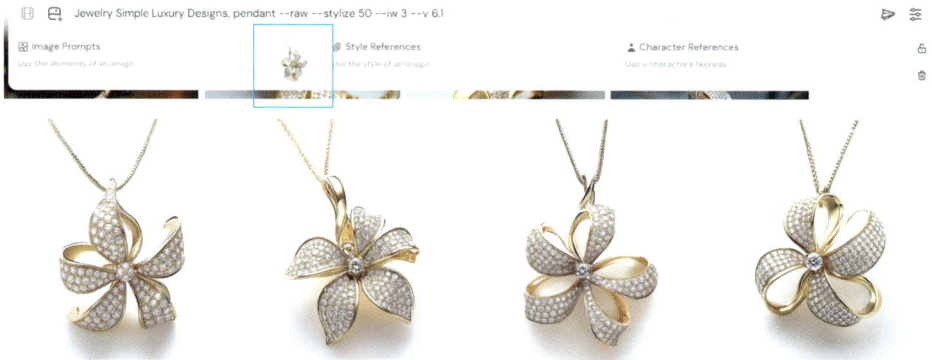

--iw + Style Reference

Jewelry Simple Luxury Designs, pendant --raw --stylize 50 **--iw 3**

Omni Reference

Jewelry Simple Luxury Designs, pendant --raw **--ow 400** --stylize 50

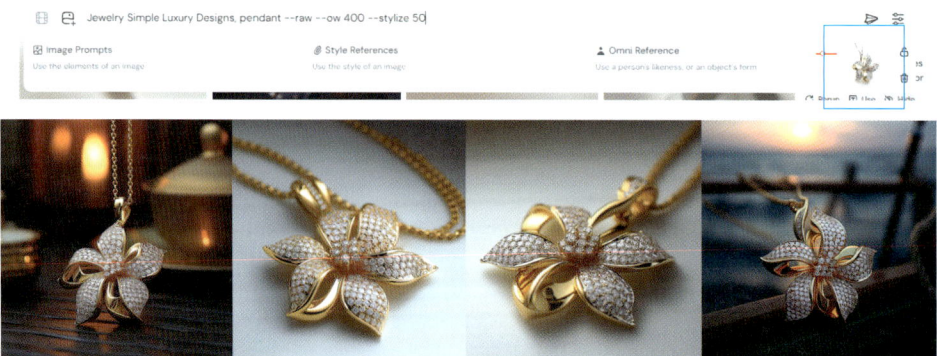

Midjourney Workflow 5

주얼리 디자인을 위한 무드보드

주얼리 디자인을 위한 무드보드는 아이디어 발상과 디자인 컨셉 결정에 매우 유용한 도구입니다. 무드보드를 통해 다양한 이미지, 색상, 소재, 스타일을 시각적으로 구성하여 전체 디자인 방향을 설정하고 구체화할 수 있습니다.

미드저니에 "무드보드" 프롬프트만 입력한다고 해서 원하는 이미지가 바로 생성되지는 않습니다. 최소한 어떤 분위기와 컨셉, 소재 조합 등 어떤 주얼리를 디자인할 것인지에 대한 목표가 필요합니다.

무드보드 예시 컨셉

자연 및 풍경	심해 발광 / Electric indigo, aqua glows, ripple motifs 벚꽃 안개 / Petal pink, pearly white, soft gradients 노르딕 오로라 / Icy teal-violet shift, frosted textures 실크로드의 별 / Midnight blue, dune gold, star flecks

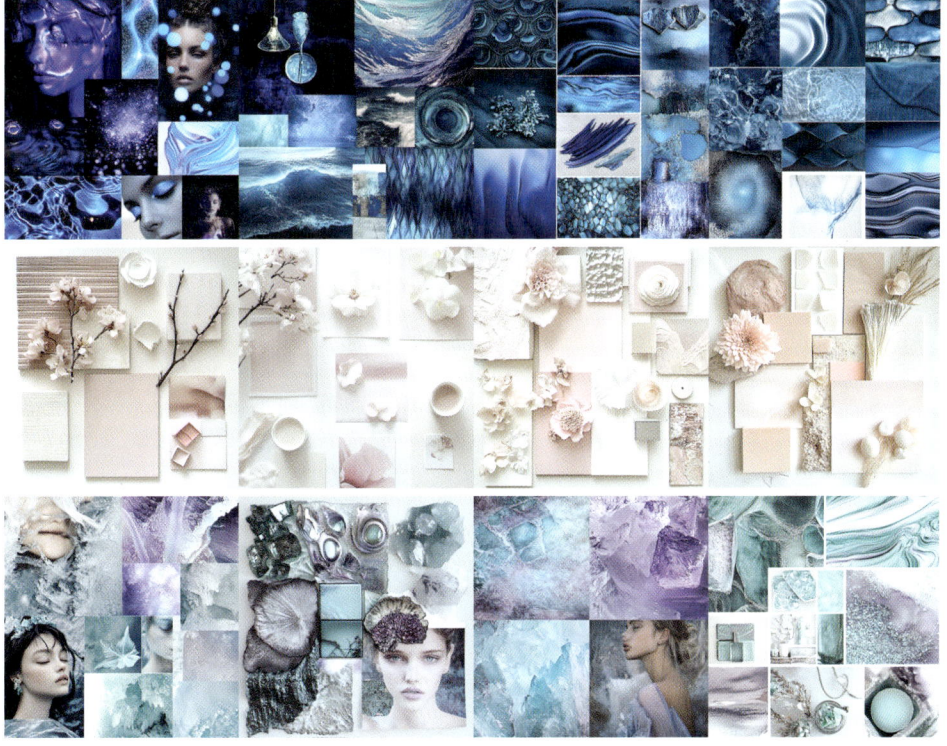

럭셔리 스타일	베르사유 거울의 방 / Antique silver, champagne, Hall of Mirrors reflections 리비에라 요트 석양 / Burnt coral, sunset rose-gold, glossy teak 파리 오페라의 밤 / Deep onyx, crimson drapes, satin sheen 오트쿠튀르 은하 / Cosmic navy, nebula iridescence, couture beadwork

패션	구찌 크루즈 2025 / Gucci Cruise 2025 루이비통 크루즈 2025 / Louis Vuitton Cruise 2025 에르메스 SS 2025 / Hermes SS 2025 프라다 FW 2025 / Prada FW 2025

아이디어 구체화 시키기

미드저니로 생성한 무드보드 이미지들을 보면서 주얼리 디자인의 전체적인 분위기와 방향을 설정합니다.. 아직 구체적인 형태를 정하는 단계는 아닙니다. 디자인의 톤앤매너를 결정하는 거죠. 이렇게 방향이 정해지면, 이제 무드보드의 이미지들을 바탕으로 주얼리 디자인을 더욱 구체화하는 과정을 함께 살펴보겠습니다.

무드보드 생성 이미지   주얼리 완성 이미지

이미지 패널에 무드보드 생성 이미지 업로드합니다

패션 / 에르메스 SS 2025 / Hermes SS 2025 컨셉으로 생성한 무드보드 이미지 중 선택한 이미지를 Describe 기능을 활용해 프롬프트를 생성합니다

프롬프트를 분석 후 주얼리 디자인을 위한 레퍼런스로 스타일만을 차용해 주얼리 디자인에 어울리는 프롬프트를 작성합니다

정리된 Prompt

Luxury Simple Jewelry Design, Issey Miyake Style, Fabric Collage Style Inspiration, Mustard Yellow --raw --stylize 50

프롬프트만으로 생성된 이미지입니다. 프롬프트에 주얼리 디자인으로 정의는 했지만 패션 디자인에 가까운 이미지가 생성되었습니다. 주얼리를 강조하기 위해 멀티프롬프트 :: 를 적용, 프롬프트를 수정해 보겠습니다

Prompt

Luxury Simple Jewelry Design ::1.3 Issey Miyake Style, Fabric Collage Style Inspiration, Mustard Yellow ::1 --raw --stylize 50

주얼리 이미지로서 아름다운 이미지가 생성되었지만 무드보드로 생성된 이미지와 동떨어진 느낌입니다. 무드보드로 생성된 이미지와 최대한 같은 느낌을 만들기 위해 래퍼런스 이미지를 이미지 프롬프트로 사용해 생성해 보겠습니다

Prompt

Luxury Simple Jewelry Design, Issey Miyake Style, Fabric Collage Style Inspiration, Mustard Yellow --raw --stylize 50

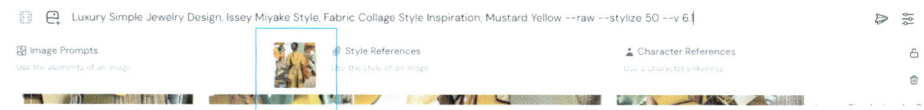

첫번째 이미지를 클릭, **Remix Strong 실행** 이미지 프롬프트에서 스타일 레퍼런스로 이미지 변경

3번째 이미지를 다시 Remix Strong 실행, 프롬프트를 Luxury Simple Jewelry Design으로 수정

3번째 이지를 Vary Subtle, Vary Strong 실행 후 최종 선택한 이미지를 Upscale하여 마무리합니다

Part 7 Midjourney Workflow

업스케일로 작업 마무리가 가능하지만, 마지막 단계에서 'Describe' 기능을 활용해 이미지를 새롭게 해석하고 추가적인 아이디어를 얻어보는 것을 추천합니다.

주얼리 완성 이미지

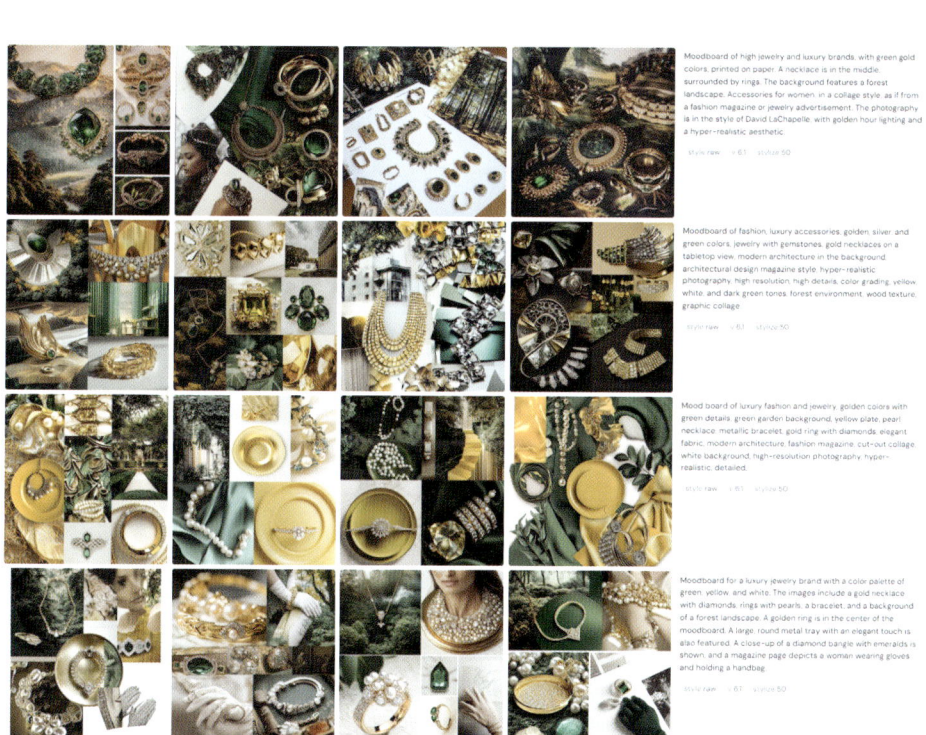

Midjourney Workflow 6

미드저니 대화 모드: 아이디어 구상과 이미지 완성

미드저니의 대화 모드는 초기 이미지 아이디어를 구상할 때 훌륭한 시작점이 될 수 있습니다. 한국어도 인식하기 때문에 부담 없이 시작할 수 있습니다. 처음 질문은 복잡하지 않고 간단한 질문으로 시작하는 것이 좋습니다. 그러면 미드저니가 다양한 이미지를 생성하고, 생성된 이미지에 대해 수정 사항을 하나씩 차례대로 요청하면서 이미지를 완성해 나갈 수 있습니다.

대화 모드의 장점 중 하나는 한국어로 질문한 프롬프트를 영어 프롬프트로 자동 변환하여 보여준다는 점입니다. 이 기능은 다른 이미지 생성 시 영어 프롬프트를 작성하는 데 참고 자료로 활용할 수 있습니다.

생성 가이드
한글 프롬프트 생성 → 프롬프트 수정→ 소재변경 요청→DescribeStrong→Variations

Prompt
명품 스타일 심플하고 고급스런 주얼리 디자인, 심플한 고급스런 배경과 조명

Prompt
자연에서 영감받은 스타일로 수정

Prompt
로즈골드와 플래티넘 소재로 변경

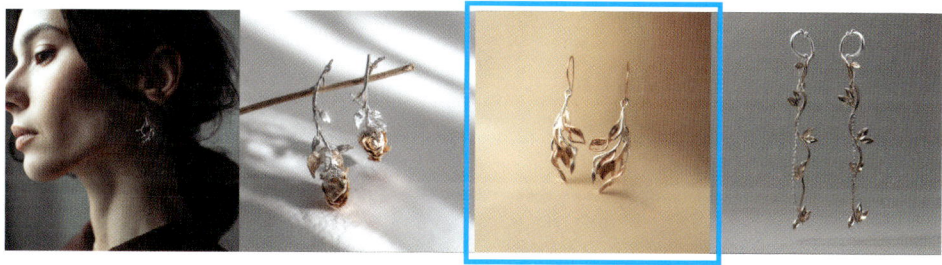

3번째 이미지를 Describe 실행 후 이미지 생성

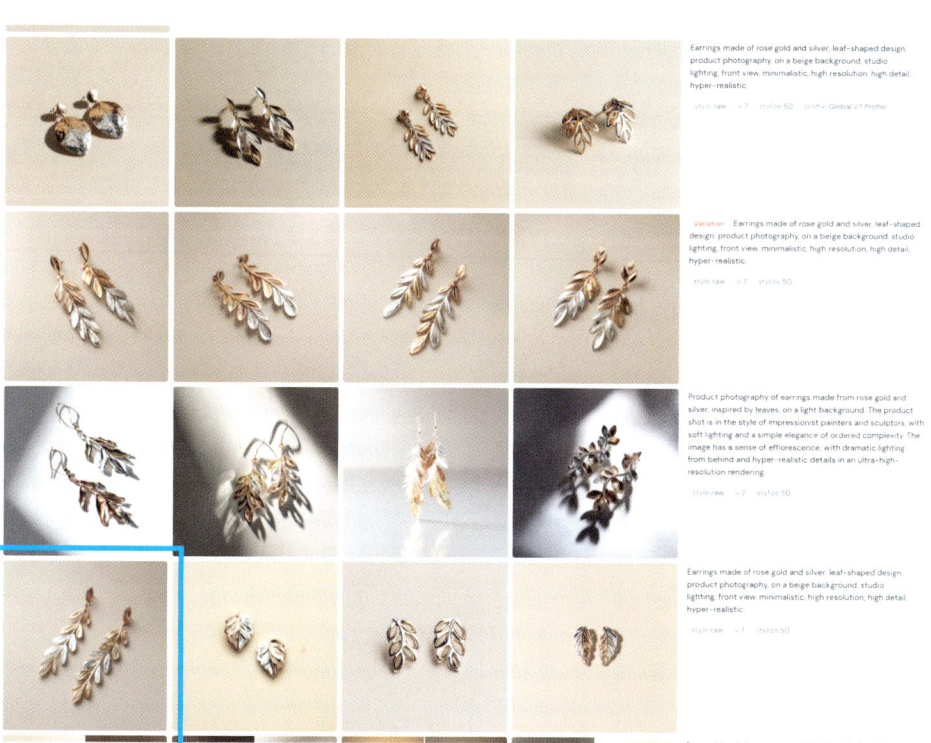

선택한 이미지 Strong Variations

프롬프트 글로벌 프로필(--profile q3cyze2) 적용하여 다시 이미지 생성

최종 첫번째 이미지 업스케일 완료

주얼리 완성 이미지

또다른 활용 방법

프롬프트를 작성하기에 막연할때가 있습니다. 정확한 컨셉도 문장도 생각나지 않고 정리도 안될때가 있습니다. 이럴때 고민하지 말고 대화모드를 활용하세요. 프롬프트창에 순서는 상관없습니다. 그냥 생각나는데로 작성하면 됩니다

이렇게 작성하면 미드저니가 훌륭한 프롬프트를 만들어 이미지를 생성합니다. 처음 생성된 이미지가 마음에 들지 않을 수도 있지만, 생성된 프롬프트를 반복하거나 '디스크라이브', '개인화', '스타일 레퍼런스 이미지 프롬프트' 등 수정할 수 있는 방법은 다양합니다. 이미지를 단순히 잘 생성하는 것보다 원하는 콘셉트를 찾아가는 과정이라고 생각하시면 좋을 것 같습니다.

Midjourney Workflow 7

주얼리 디자인을 컬러 & 소재의 혼합

주얼리 디자인에서 다양한 소재를 혼합하여 사용하는 것은 단조로울 수 있는 디자인에 깊이와 흥미를 더하는 효과적인 방법입니다.

gradient
Jewelry Simple Luxury Designs, [**gradient rose-gold to platinum**] --raw --stylize 50

color-fade
Jewelry Simple Luxury Designs, [**color-fade indigo to cream**] --raw --stylize 50

dip-dye
Jewelry Simple Luxury Designs, [**dip-dye sunset coral to amber**] --raw --stylize 50

duotone
Jewelry Simple Luxury Designs, [**duotone teal and coral**] --raw --stylize 50

two-tone
Jewelry Simple Luxury Designs, [**two-tone brushed silver and black rhodium**] --raw --stylize 50

color-melt
Jewelry Simple Luxury Designs, [**color-melt lavender to cyan**] --raw --stylize 50

chromatic gradient
Jewelry Simple Luxury Designs, [**chromatic gradient magenta-ultraviolet-cyan**] --raw --stylize 50

iridescent gradient
Jewelry Simple Luxury Designs, [**iridescent gradient rainbow shine**] --raw --stylize 50

spectrum-shift
Jewelry Simple Luxury Designs, [**spectrum-shift blue to acid-green glow**] --raw --stylize 50

variegated
Jewelry Simple Luxury Designs, [**variegated swirl white charcoal amber**] --raw --stylize 50

liquid gradient
Jewelry Simple Luxury Designs, [**liquid gradient ocean-blue to sea-foam**] --raw --stylize 50

polychrome blend

Jewelry Simple Luxury Designs, [**polychrome blend peacock-green and purple**] --raw --stylize 50

watercolor

Jewelry Simple Luxury Designs, [**watercolor color-wash pastel tones**] --raw --stylize 50

rainbow gradient

Jewelry Simple Luxury Designs, [**rainbow gradient holographic sheen**] --raw --stylize 50

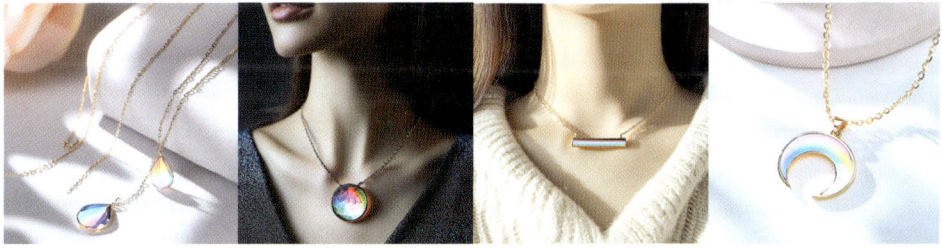

Midjourney Workflow 8

주얼리 디자인을 돋보이게 만드는 배경

미드저니는 주어진 프롬프트 전체를 종합적으로 분석하여 이미지를 생성합니다. 따라서, 주얼리 자체에 대한 프롬프트가 비교적 단순하더라도 배경 설정을 추가하면, 생성되는 주얼리 디자인은 해당 배경의 분위기와 조화를 이루도록 만들어집니다. 즉, 배경 정보만으로도 주얼리 디자인에 상당한 영향을 줄 수 있습니다.

Marble slab 럭셔리 미니멀·차가운 우아함
Simple Luxury Earrings, luxury studio shot, [**fine-cut white marble backdrop**] soft diffused light --raw --stylize 50

Velvet fabric 클래식 하이엔드·부드러운 빛
Simple Luxury Earrings, luxury studio shot, [**fine-cut white marble backdrop**] soft diffused light --raw --stylize 50

Silk ribbon / drape 여성적·유려한 하이라이트
Simple Luxury Earrings, luxury studio shot, [**silk ribbon swirling around ring**] soft diffused light --raw --stylize 50

Acrylic blocks 모던·깨끗한 반사
Simple Luxury Earrings, luxury studio shot, [**clear acrylic blocks creating stepped podium**] soft diffused light --raw --stylize 50

Mirror tile 미래적 광택·이중 반사
Simple Luxury Earrings, luxury studio shot, [**small mirror tile underneath earrings**] soft diffused light --raw --stylize 50

Brushed metal sheet 인더스트리얼 시크·선형 질감
Simple Luxury Earrings, luxury studio shot, [**brushed steel sheet backdrop, cross-light**] soft diffused light --raw --stylize 50

Black sand 드라마틱 대비·오가닉 매트
Simple Luxury Earrings, luxury studio shot, [**ring half-buried in fine black sand**] soft diffused light --raw --stylize 50

Dried floral stems 빈티지 로맨스·은은한 색 포인트
Simple Luxury Earrings, luxury studio shot, [**dried pampas grass framing necklace**] soft diffused light --raw --stylize 50

Polished driftwood 에코 럭셔리·따뜻한 목질 무늬
Simple Luxury Earrings, luxury studio shot, [**polished driftwood slab holding brooch**] soft diffused light --raw --stylize 50

Glass cloche 뮤지엄 디스플레이·부드러운 반사
Simple Luxury Earrings, luxury studio shot, [**jewelry under glass cloche**] soft diffused light --raw --stylize 50

Hand-torn parchment 아티잔·촉감형 질감
Simple Luxury Earrings, luxury studio shot, [**hand-torn parchment backdrop, warm sepia tone**] soft diffused light --raw --stylize 50

Midjourney Workflow 9

Research & Ideas

미드저니를 사용하여 나만의 주얼리 디자인을 완성한 후 생성된 이미지를 기준으로 다양한 베리에이션을 만들 수 있습니다. 한 번에 여러 이미지를 볼 수 있어 디자인 작업을 더욱 효율적으로 진행할 수 있습니다.

아이디어를 위한 이미지 생성을 위한 프롬프트

Knolling

Prompt
Jewelry Design, jewelry **Knolling**, flat layout

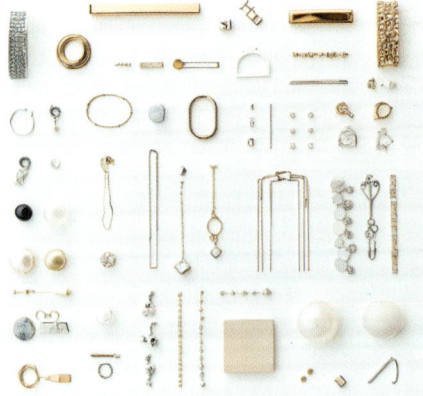

Knolling 프롬프트를 사용하면 예시 처럼 한 이미지에 다양한 이미지를 생성할 수 있습니다. 다만 주얼리 들의 이미지가 너무 작게 형성되어 있어 전체 분위기를 잡기 위한 이미지로서는 괜찮지만 디테일한 디자인을 파악하기는 어렵습니다

close-up, macro close-up을 추가하면 좀 더 주얼리를 확대해 이미지를 생성할 수 있습니다

Prompt
Jewelry Design, jewelry Knolling, flat layout, **close-up** --raw --stylize 50

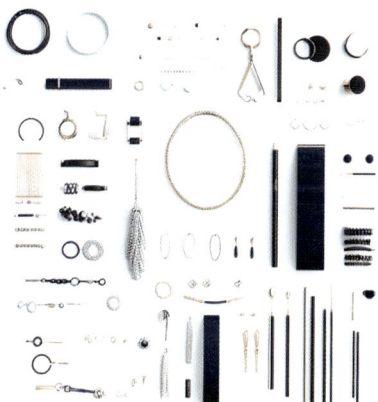

Prompt
Jewelry Design, jewelry Knolling, flat layout, **macro close-up** --raw --stylize 50

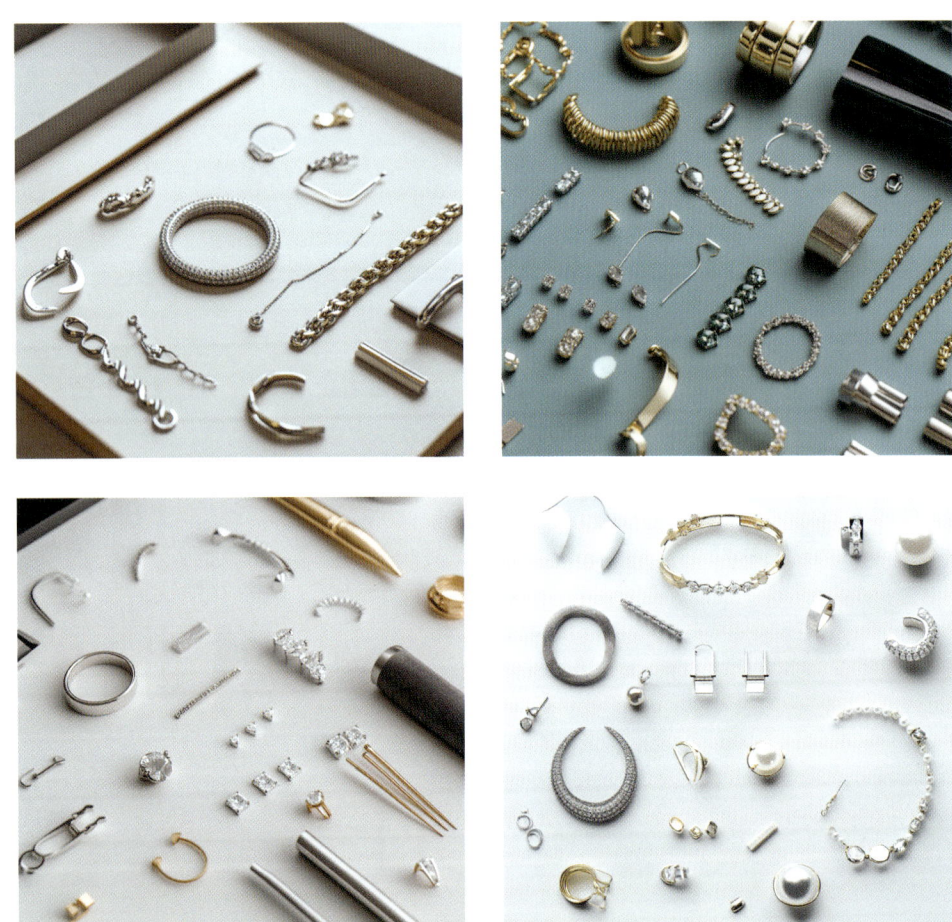

Remix 활용해 이미지 만들기

리믹스 기능을 활용하면 Knolling과 같은 정돈된 이미지를 효과적으로 만들 수 있습니다. 디자인의 기본 틀을 잡은 후 리믹스를 통해 세부 요소를 조절하는 방식은 무작위 이미지 생성과는 달리, 아이디어를 구체화하고 발전시키는 데 매우 유용합니다.

단순한 무작위 이미지가 아닌, 자신의 아이디어를 시각적으로 탐색하고 발전시켜 원하는 결과물에 더욱 근접할 수 있습니다.

주얼리 이미지 만들기

정열된 이미지와 다른 디자인을 만들기 위해 **flat layout, different** 사용

Prompt
Jewelry Simple Luxury Design, **flat layout, different** --raw --profile ar6kng3 --stylize 50

2번째 이미지 선택후 Pen 오른쪽으로 확대

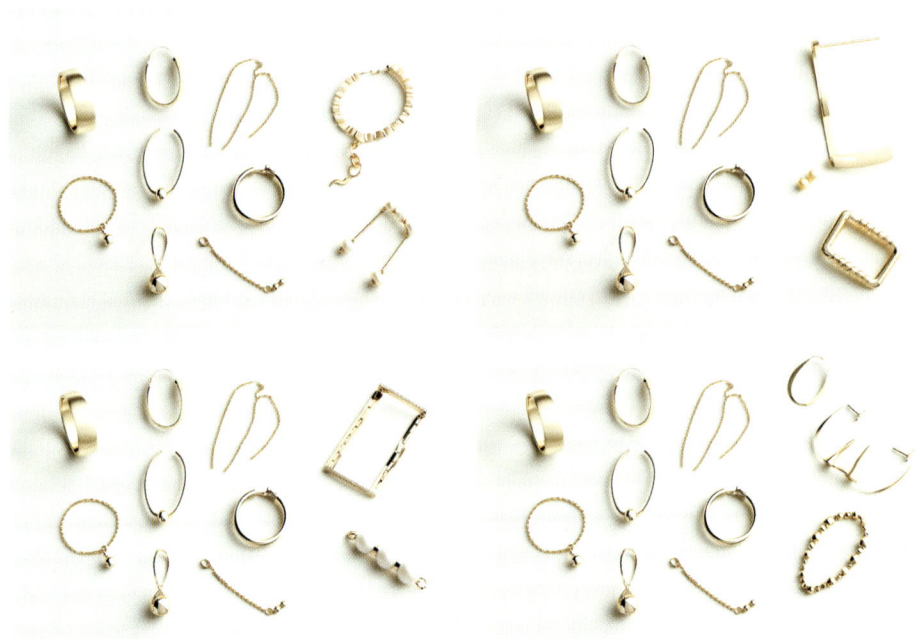

또다른 방법 2번째 이미지 선택후 **Remix strong** 실행 프롬프트에서 **--ar 3:2 비율 조절**

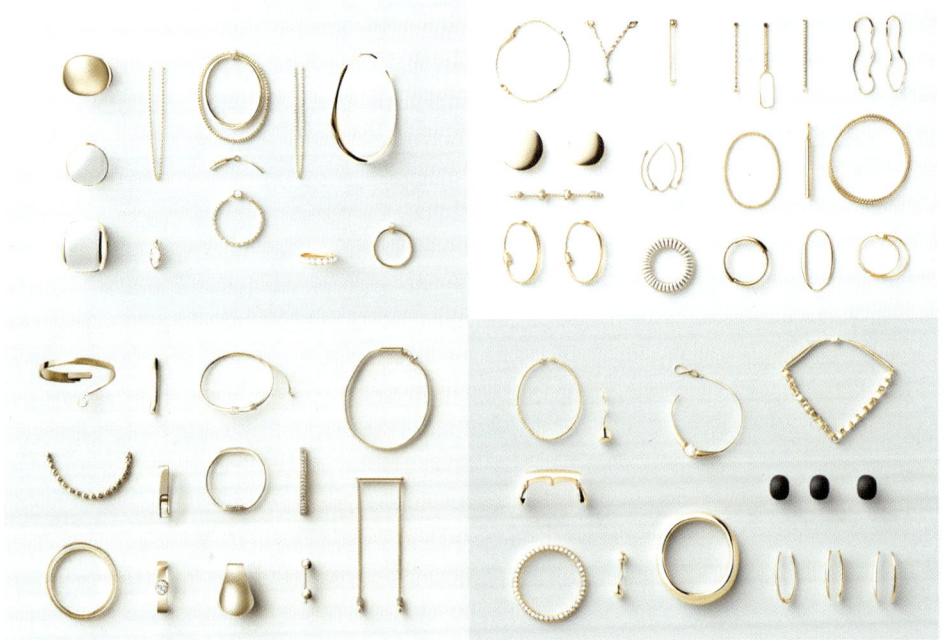

한번더 **Remix strong** 실행 프롬프트에서 **--ar 2:1 비율 조절**

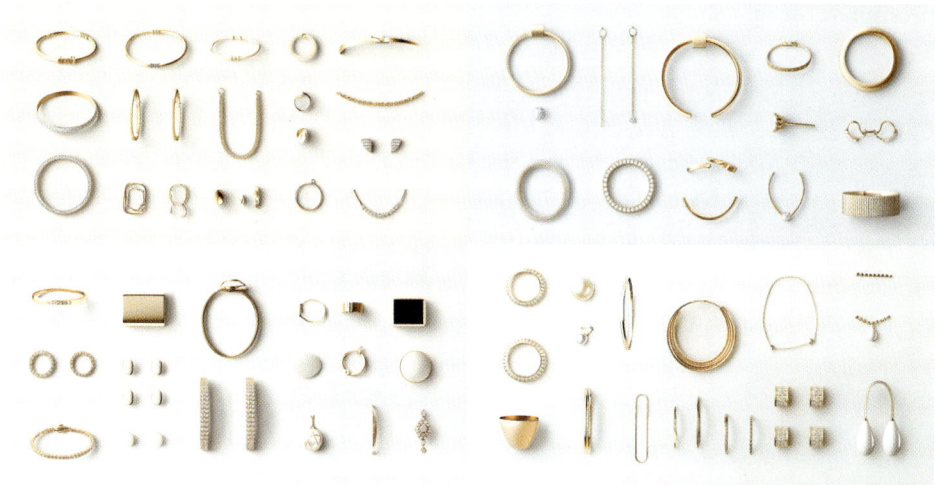

추가로 Pen 기능을 활용해 더 다양한 이미지를 만들어 낼 수 있습니다

아이디어를 위한 스케치 이미지 만들기

아래 프롬프트를 참고하여 이미지를 생성하면 디테일한 주얼리 스케치 이미지를 얻을 수 있습니다. 스타일 `[ ]` 부분에 만들고 싶은 스타일을 교체하여 넣으면 스타일별로 차별화된 이미지를 생성할 수 있습니다. 개인화 코드, 스타일 레퍼런스 코드 등도 함께 사용하면 더욱 개인화된 이미지가 생성됩니다.

- Chanel 샤넬
- Cartier 까르띠에
- Bulgari 불가리

prompt

A drawing of a jewelry collection on a white background, including bracelets and earrings, designed in the style of [Chanel], with different sizes and shapes. The focus is on the elegant design elements such as creating an atmosphere of luxury and sophistication. High-resolution, high-quality, realistic details, product photography, top view.

흰색 바탕에 [샤넬] 스타일로 디자인된 팔찌와 귀걸이 등 다양한 크기와 모양의 주얼리 컬렉션을 그린 그림입니다. 고급스럽고 세련된 분위기를 연출하는 등 우아한 디자인 요소에 중점을 두었습니다. 고해상도, 고품질, 사실적인 디테일, 제품 사진, 평면도.

Chanel

Cartier

Bulgari

Bulgari + sref code + 개인화 코드

prompt
A drawing of a jewelry collection on a white background, including bracelets and earrings, designed in the style of [Bulgari], with different sizes and shapes. The focus is on the elegant design elements such as creating an atmosphere of luxury and sophistication. High-resolution, high-quality, realistic details, product photography, top view. --raw **--sref 3362053887 --profile ar6kng3** --stylize 50

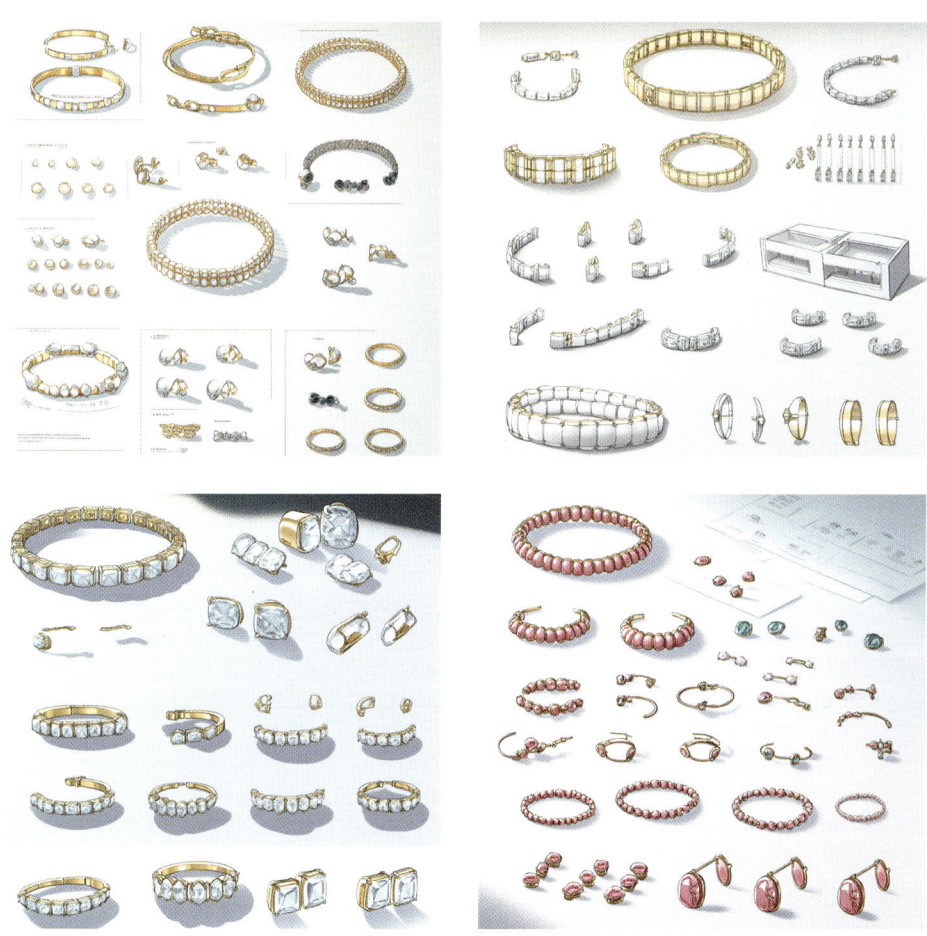

Midjourney Workflow 10

국가 및 문화권 주얼리 표현

미드저니는 프롬프트에 명시된 국가 또는 지역의 문화적 특징을 놀라울 정도로 잘 반영하여 주얼리 이미지를 생성합니다. 동일한 기본 디자인 프롬프트를 사용하더라도 특정 국가나 문화권을 언급하면 그에 맞는 독특한 스타일, 소재, 장식 요소를 추가하여 이미지를 차별화합니다.

문화권	America Europe Middle East Asia Africa	나라	China Korea Egypt Brazil Italy France

prompt
Jewelry Simple Luxury Design [**style of Western Europe**] --raw --stylize 50
[style 또는 Inspiration 문화권]

America

Europe

Middle East

Asia

Africa

prompt

Inspiration of [**China**] Jewelry Simple Luxury Design --raw --stylize 50
[나라]

China

Korea

Egypt

Brazil

Italy

France

나라 이름을 포함한 프롬프트는 범위가 너무 넓어 문화권별 특색을 살리기보다 비슷해 보이는 주얼리 이미지를 생성하는 경향이 있습니다. 하지만 나라 이름과 함께 구체적인 디자인 요소나 영감을 추가하면 더욱 독특하고 특색 있는 이미지를 얻을 수 있습니다.

미드저니 V7 버전에서는 한국어를 포함하여 영어 외 다른 언어도 인식하는 기능이 추가되었습니다. 전체 프롬프트를 완벽하게 이해하지는 못하지만, 특정 단어를 해당 국가의 언어로 사용하면 그 나라 특유의 느낌을 이미지에 담아 표현해 줍니다.

prompt
Simple luxury [**주얼리 해당국가 언어**] design

일본어 Simple luxury ジュエリー design

프랑스어 Simple luxury Bijoux design

한국어 Simple luxury 주얼리 design

포루투칼어 Simple luxury Joias design

현재까지 미드저니 테스트 결과 중국어와 러시아어는 인식하지 못했습니다. 앞으로 다양한 언어를 활용해 미드저니를 실험해보고 어떤 결과가 나오는지 살펴보는 것도 재미있을 것 같습니다.

Midjourney Workflow 11

--seed 이미지 일관성 유지하기

미드저니는 동일한 프롬프트를 사용해도 동일한 이미지가 생성되지 않았습니다. 최근 미드저니가 업데이트 되면서 --seed 파라미터를 사용해 완전 동일한 이미지를 생성할 수 있게 되었습니다.

"Seed는 이미지의 고유 번호로, 프롬프트 생성 시 `--seed 숫자` 파라미터를 사용하면 동일한 이미지를 다시 생성할 수 있습니다. `--seed` 파라미터 없이 생성된 이미지의 Seed 값을 복사하여 사용할 수도 있지만, 동일한 프롬프트로 이미지를 생성해도 `--seed` 파라미터 없이 생성된 이미지는 정확히 같은 이미지가 나오지 않습니다. 하지만 비슷한 스타일의 이미지를 생성할 때는 `--seed` 파라미터를 활용하는 것이 효과적이며, 특히 세트 구성 이미지를 만들 때 유용합니다."

prompt
Inspired by Tadao Ando, Earring Designs **--seed 2059413566** --raw --stylize 50

동일 --seed 번호를 유지하고 프롬프트를 변경하면 이미지의 큰 변화없이 스타일을 유지하면서 이미지를 발전시킬 수 있습니다.

Inspired by Tadao Ando, **Earring Designs --seed 2059413566**

Inspired by Tadao Ando, **Simple Luxury Earring Designs --seed 2059413566**

Inspired by Zaha Hadid, Simple Luxury Earring Designs **--seed 2059413566**

Inspired by Gucci style, Simple Luxury Earring Designs **--seed 2059413566**

동일 --seed 번호를 유지하고 --ar 파라미터를 사용해 이미지 비율을 조절하면 이미지의 스타일을 유지하는 변형된 이미지를 생성할 수 있습니다.

Inspired by Tadao Ando, Earring Designs **--ar 16:9 --seed 2059413566** --raw --stylize 50

--seed 파라미터 없이 생성된 이미지의 --seed 값을 사용하여 이미지 생성

prompt
Pendant design in granite, simple luxury style, luxurious background

--seed 181773548

--seed 없이 동일한 프롬프트로 생성

--seed 181773548 사용

--seed 181773548 비슷한 톤의 이미지가 생성됩니다

동일한 프롬프트에서 --seed 번호를 약간식 변형하면 Vary 처럼 이미지를 조금씩 변형해 갈 수 있습니다

Pendant design in granite, simple luxury style, luxurious background --seed 33333

Pendant design in granite, simple luxury style, luxurious background --seed 33334

Pendant design in granite, simple luxury style, luxurious background --seed 33335

전체적인 이미지의 형식은 유지되면서 이미지가 생성됩니다

동일 --seed 번호와 프롬프트를 사용하지만 스타일 값의 변화에 따라 변화된 이미지를 생성합니다. 이미지의 컨셉은 유지하면서 스타일의 변화를 확인할 수 있습니다

Inspired by Tadao Ando, Earring Designs --ar 1:1 --seed 2059413566 --raw **--stylize 50**

Inspired by Tadao Ando, Earring Designs --ar 1:1 --seed 2059413566 --raw **--stylize 250**

Inspired by Tadao Ando, Earring Designs --ar 1:1 --seed 2059413566 --raw **--stylize 500**

동일 --seed 번호와 개인화 코드, 스타일 래퍼런스 코드의 적용도 동일한 이미지 컨셉을 유지하며 스타일만 변경하는 좋은 예시가 됩니다

Inspired by Tadao Ando, Earring Designs --ar 1:1 --seed 2059413566 --raw **--stylize 50**

Inspired by Tadao Ando, Earring Designs --ar 1:1 --seed 2059413566 --raw **--profile ar6kng3** --stylize 50

Inspired by Tadao Ando, Earring Designs --ar 1:1 --seed 2059413566 --raw **--profile uz8t1nt** --stylize 50

nspired by Tadao Ando, Earring Designs --ar 1:1 --seed 2059413566 --raw **--profile y5blyac** --stylize 50

Inspired by Tadao Ando, Earring Designs --ar 1:1 --seed 2059413566 --raw **--sref 1631820905** --stylize 50

Inspired by Tadao Ando, Earring Designs --ar 1:1 --seed 2059413566 --raw **--sref 2694309708 3346166658** --stylize 50

Inspired by Tadao Ando, Earring Designs --ar 1:1 --seed 2059413566 --raw **--sref 2935998692** --stylize 50

--draft 모드를 활용한 이미지 생성방법

draft 모드는 이미지 품질은 낮지만 빠른 생성이 가능한 모드입니다 대화 모드와 함께 사용하면 초기 이미지 컨셉을 잡는데 효과적인 기능입니다. 드래프트 모드에서 `--seed` 번호를 함께 사용하여 이미지를 생성한 후, 드래프트 모드를 끄고 동일한 프롬프트로 이미지를 다시 생성하면 완전히 똑같은 이미지가 나오지는 않지만, 드래프트 모드에서 생성한 이미지의 컨셉과 형태를 유사하게 유지하면서 고품질의 이미지를 얻을 수 있습니다. 이는 짧은 시간 안에 컨셉 이미지를 만드는 데 매우 효과적인 방법이라고 생각됩니다.

prompt
Simple Luxury Jewelry Design, raw diamond in the shape rough edges Pendant --ar 16:9 --seed 5555 --raw --stylize 50 **--draft**

prompt
Simple Luxury Jewelry Design, raw diamond in the shape rough edges Pendant --ar 16:9 --seed 5555 --raw --stylize 50

Omni Reference를 활용한 일관성 있는 이미지 만들기

미드저니 V7 Omni Reference를 사용화여 일관성 있는 이미지를 만들 수 있습니다. 이미지 프롬프트나 스타일 레퍼런스와 비슷한하지만, 사용 범위가 좀 더 넓습니다. Omni Reference로 사용할 이미지를 먼저 만듭니다. 펜던트, 목걸이, 귀걸이에 사용하면 좋을거 같습니다. 주얼리 디자인된 이미지가 아닌 주얼리 디자인에 사용할 요소를 생성합니다.

prompt
raw diamond in the shape of carbon structure, rough edges, surrounded by coal, monochrome theme --raw --stylize 50
탄소 구조 모양의 원시 다이아몬드, 거친 가장자리, 석탄으로 둘러싸인 단색 테마

Omni Reference 사용없이 이미지 생성

prompt
Simple Luxury Jewelry Design, Diamond Pendant

Omni Reference 적용

prompt
Simple Luxury Jewelry Design, Diamond Pendant --seed 12345 --raw **--ow 50** --stylize 50

prompt
Simple Luxury Jewelry Design, Diamond Pendant --seed 12345 --raw **--ow 200** --stylize 50

prompt
Simple Luxury Jewelry Design, Diamond Pendant --seed 12345 --raw **--ow 500** --stylize 50

레퍼런스 이미지의 느낌이 생성된 이미지에 반영되긴 했지만, 기대했던 것만큼 유사한 이미지가 나오지는 않았습니다. 이는 프롬프트에서 다이아몬드에 대한 설명이 모호했기 때문에 이미지에 러프한 컨셉만 적용되었기 때문입니다. 다음은 프롬프트를 명확하게 설명하여 생성한 이미지입니다.

prompt

Simple Luxury Jewelry Design, **raw diamond in the shape rough edges** Pendant --raw **--ow 50** --stylize 50

심플한 럭셔리 주얼리 디자인, 거친 모서리 모양의 원석 다이아몬드 펜던트

Simple Luxury Jewelry Design, raw diamond in the shape rough edges Pendant --seed 12345 --raw **--ow 200** --stylize 50

Simple Luxury Jewelry Design, raw diamond in the shape rough edges Pendant --seed 12345 --raw **--ow 500** --stylize 50

옴니 레퍼런스(--ow)와 함께 아래 파라미터를 같이 적요하면 더욱 다양한 이미지를 생성할 수 있습니다.

- --stylize values
- --exp
- --profile, --p
- --sref

--stylize values

  --stylize 50   --stylize 250   --stylize 500   --stylize 750

--exp

  --exp 10   --exp 25   --exp 50   --exp 100

--profile, --p

  --profile mz77xms --profile w2op8ph --profile 44k3p5t --profile dhq2ejk

--sref

--sref 1631820905   --sref 2935998692   --sref 3539691073   --sref 1268745487

Midjourney Workflow 12

필름 명칭 사용에 따른 이미지 변화

미드저니는 프롬프트에 특정 카메라나 필름을 명시하면 해당 필름의 특징을 반영하여 이미지를 생성합니다.

카메라 + 렌즈
- Sony A7R V + FE 90 mm f/2.8 Macro G OSS
- Fujifilm GFX 100S II + GF 120 mm f/4 Macro
- Canon EOS R5 + RF 100 mm f/2.8 L Macro IS

큰 이미지에 대한 변화보다는 디테일한 차이가 있습니다

prompt
Diamond solitaire ring on matte black velvet, photographed with [**Canon EOS R5 + RF 100 mm f/2.8 L Macro IS lens**] focus stacking sharpness, soft diffused ring-light, 4k

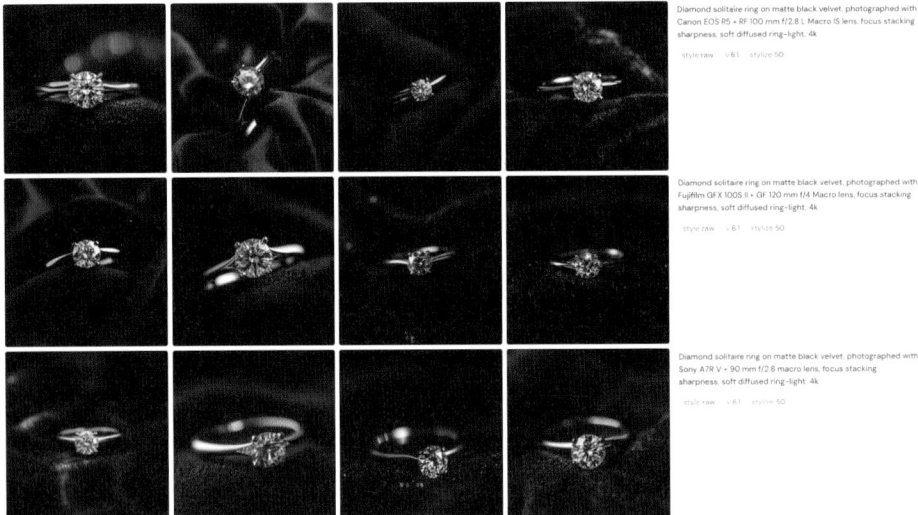

필름

- Fujifilm instax
- Kodak Tri-X 400 film
- a disposable camera

prompt

Diamond solitaire ring on matte black velvet, photographed with [**Fujifilm instax**] focus stacking sharpness, soft diffused ring-light, 4k

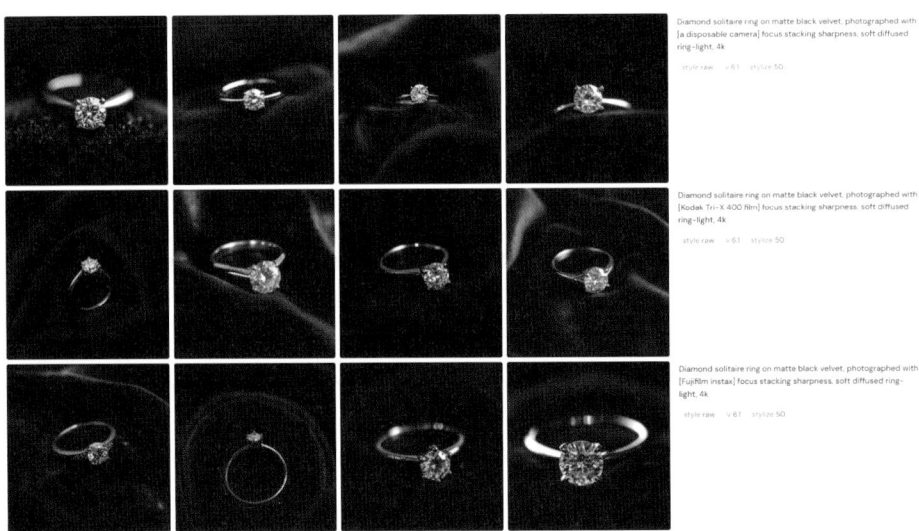

Midjourney Workflow 13

Quality 설정으로 이미지 변화 확인하기

미드저니에서 이미지 품질 설정은 첫 번째 이미지 세트를 생성하는 데 얼마나 많은 공을 들일지 결정하는 것과 같습니다. 품질 설정을 낮추면 마치 빠르게 스케치하는 것처럼 결과물을 신속하게 확인할 수 있지만, 디테일이 부족할 수 있습니다. 이 설정은 GPU 시간을 절약하면서 다양한 아이디어를 빠르게 탐색하고 싶을 때 유용합니다. 반면, 품질 설정을 높이면 정교한 그림을 그리는 것과 유사하게 더 많은 시간과 노력이 필요하며, 그만큼 풍부한 질감과 디테일을 얻을 수 있습니다. 하지만 과도하게 높은 품질 설정은 때때로 이미지를 부자연스럽게 만들 수도 있습니다. 따라서, 품질 값을 다양하게 변경해 보면서 이미지가 어떻게 달라지는지 확인하는 것은 새로운 아이디어를 발굴하는 데 좋은 방법이 될 수 있습니다.

--q의 범위는 1, 2, 4 이고 파라미터를 사용하지 않는다면 기본값은 --q 1 입니다
*개인적으론 --q의 차이는 크게 없다고 생각됩니다

prompt
Simple Luxury Jewelry Design, raw diamond in the shape rough edges Pendant --quality 1~4 --raw --stylize 50

--q 1

--q 4

Midjourney Workflow 14

스타일 레퍼런스와 무드보드의 비교

스타일 레퍼런스와 무드보드는 이미지를 참조하여 생성하는 방법으로 큰 의미에서는 동일한 방법일 수 있습니다. 다만 스타일 레퍼런스의 경우 매번 이미지를 넣어야 하는 불편함이 있는 반면 무드보드의 경우 한번의 설정으로 반복적인 작업이 가능하며, 추가적인 편집도 가능합니다

또한 스타일 레퍼런스, 무드보드는 1개 이상의 이미지를 레퍼런스로 사용할 수 있습니다

Part 7 Midjourney Workflow

미드저니 탐색창에서 찾은 6개의 이미지를 활용하여 스타일 레퍼런스, 무드보드로 사용하고 이미지 생성의 차이점을 학인해 보겠습니다

프롬프트에 효과의 확인을 위해 --seed 파라미터를 사용해 생성하겠습니다

prompt
Simple Luxury Jewelry Design, raw diamond in the shape rough edges Pendant --seed 11111 --raw --stylize 50

프롬프트 생성 이미지

레퍼런스 이미지

1개 이미지가 적용된 무드보드 생성

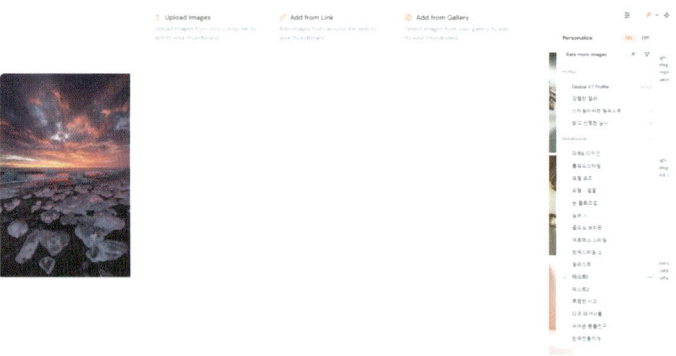

prompt
Simple Luxury Jewelry Design, raw diamond in the shape rough edges Pendant --seed 11111 --raw **--profile a4h9li8** --stylize 50

6개 이미지가 적용된 무드보드 생성

Part 8
이미지 편집

Edit 활용한 주얼리 이미지 수정
스케치 이미지 실사이미지로 변환하기

Part 8

이미지 편집

Edit 활용한 주얼리 이미지 수정

미드저니의 Edit 기능을 활용하면 주얼리 소재, 컬러, 텍스처 등 다양한 부분을 부분적으로 수정하여 이미지를 제작할 수 있습니다. Vary 기능은 전체 이미지를 변경하는 반면, Edit 기능은 부분적인 수정이 가능하므로 일관된 컨셉을 유지하면서도 다양한 버전의 이미지를 자연스럽게 만들 수 있습니다.

소재의 변경

Prompt
Inspiration of [Italy] Jewelry Simple Luxury Design --raw --stylize 50

프롬프트 생성 이미지

수정된 이미지

수정을 원하는 이미지를 클릭 후 Edit 기능을 실행합니다

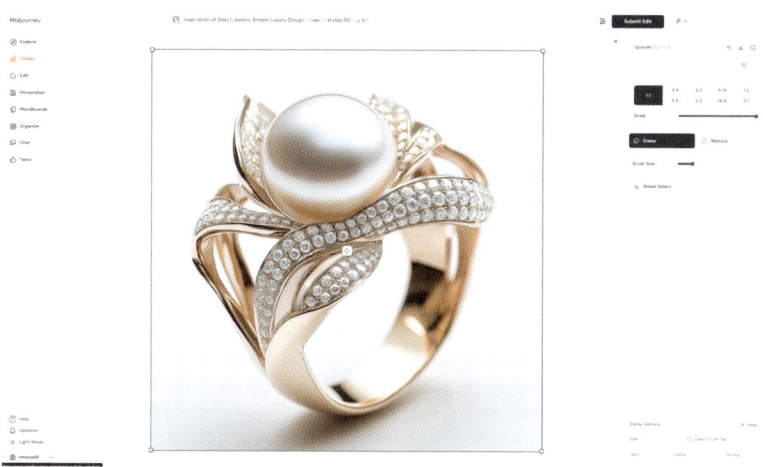

지우개 툴로 수정하고 싶은 부분을 지워주고 상단에 수정을 원하는 프롬프트를 입력합니다
예시는 진주에서 Diamond Round Brilliant Cut으로 변경

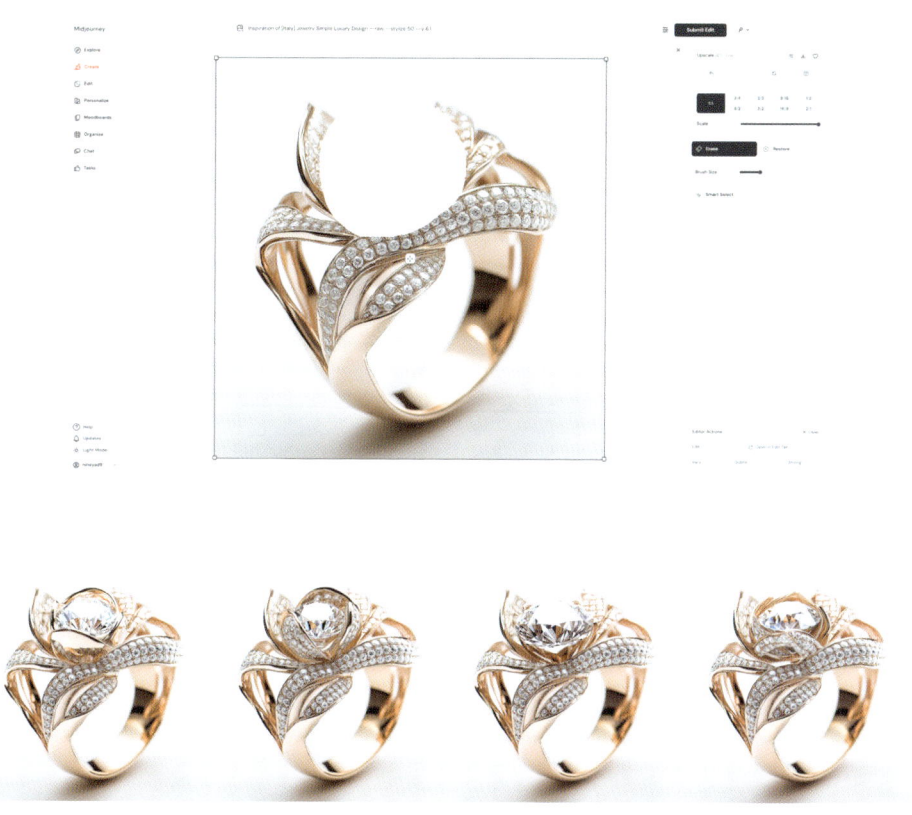

최종 변경된 이미지입니다
Edit 기능은 너무 작은 면적에는 잘 작동하지 않습니다.

추가 옵션

동일한 작업을 진행하면서 개인화 코드 (--profile)와 스타일 레퍼런스 코드를 적용할 수 있습니다. 이러한 옵션들을 사용하면 일관된 스타일과 목적에 맞는 이미지를 제어하여 생성할 수 있습니다.

--profile

--sref

컬러의 변경

prompt
Inspiration of [Italy] Jewelry Simple Luxury Design --raw --stylize 50

프롬프트 생성 이미지

수정된 이미지

과정은 소재의 변경과 동일한 작업으로 프롬프트만 달라집니다

디자인의 변경

디자인을 변경하기 원하는 부분을 선택 후 동일한 프롬프트를 입력해도 다른 디자인의 반영되어 이미지가 생성됩니다. 이는 디자인의 부분 변경시 유용하게 사용됩니다

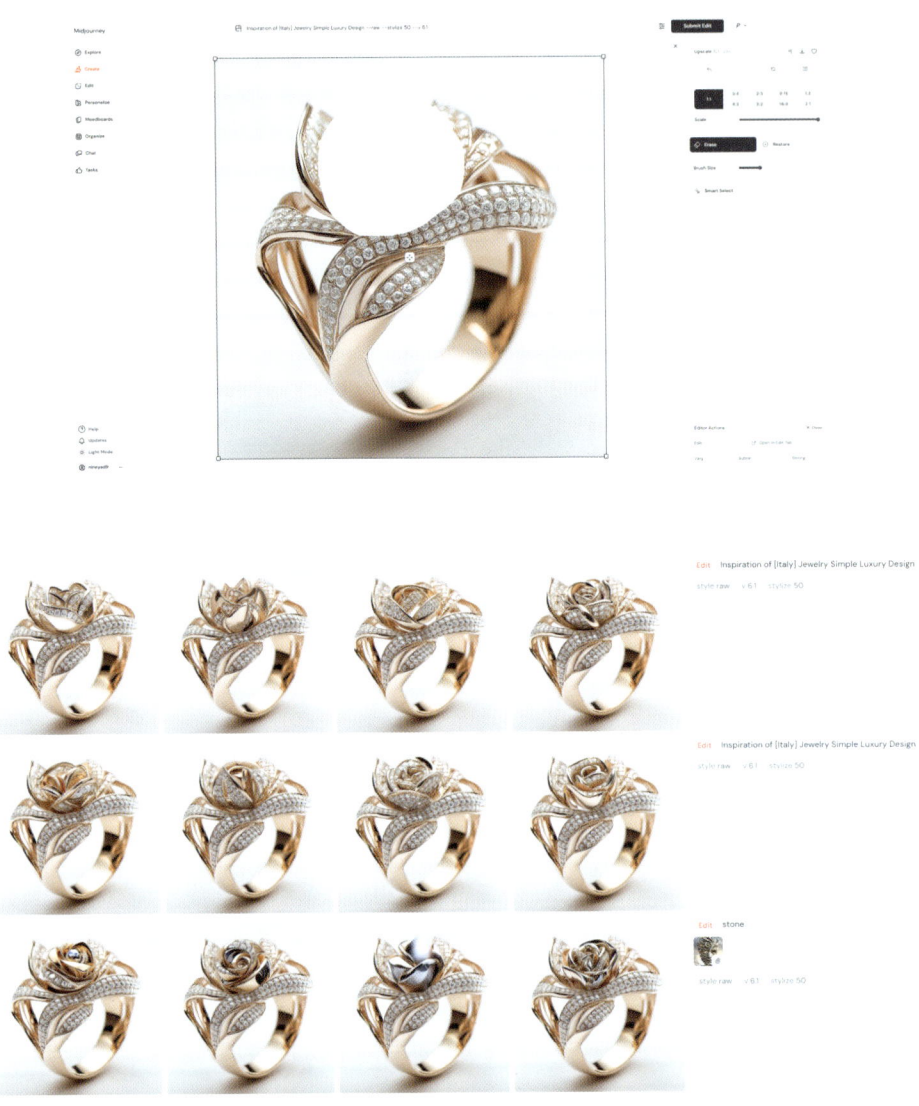

Full Edit 활용한 주얼리 이미지 수정

미드저니의 Full Edit 기능은 미드저니에서 생성한 이미지외 외부 이미지도 수정이 가능합니다. Full Edit 기능은 Layers를 사용해 여러 이미지를 가져와 화면을 구성할 수있고 Retexture를 사용해 이 이미지를 하나의 완성된 이미지로 만들어 낼 수 있습니다

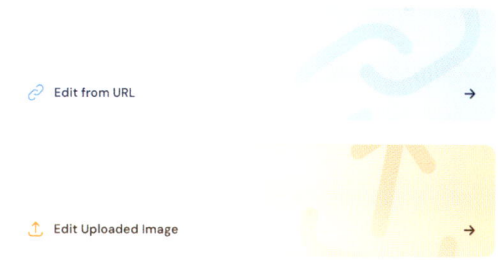

배경만들기

주얼리 주변을 지우고 배경을 확장하여 주얼리 위치를 조정한 후, 최종적으로 Retexture를 통해 이미지 외형을 유지하면서 원하는 컨셉의 이미지로 만들 수 있습니다.

스마트 셀렉트를 활용해 이미지 선택 후 배경지우기 Erase Background 를 실행합니다

프롬프트 입력 후 배경생성

prompt
Single pearl ring on rugged dark slate stone surface, cool tone contrast, dramatic side lighting, high realism, cinematic shadows
고석(슬레이트)의 거친 질감 · 차가운 톤 콘트라스트 · 드라마틱 측면광

배경 생성 후 가로 비율을 수정하여 추가 수정을 진행합니다

반지 위 배경을 지우고 Retexture로 변경 후 새롭게 프롬프트를 입력합니다.

A rose gold ring with diamonds encircling an oversized pearl, creating intricate patterns and luxurious detailing. The scene is captured in a close-up shot that highlights the beauty of the pearl on display. --raw --stylize 50 --v 6.1
깊고 새파란 해저, 미세한 플랑크톤 입자에 둘러싸여 은은히 빛나는 진주 반지

프롬프트 수정 후 최종 이미지를 완성합니다

Retexture를 사용한 이미지 스타일 변경

Retexture 기능을 사용하면 이미지 외형을 유지하며 다양한 스타일의 이미지를 생성할 수 있습니다 Full 에디터의 Retexture 탭에서 실행 가능합니다

소재의 변형

Korean mother-of-pearl material   Brass   Diamond   wood

패션브랜드 스타일로 변형

Bulgari Style   Dior Style   Louis Vuitton Style   Gucci Style

아티스트 스타일로 변형

| Van Gogh | Gustav Klimt | Zaha Hadid | Tadao Ando |

Personalization, Sref Code 스타일 적용

--profile mz77xms   --profile w2op8ph   --sref 2694309708 3346166658   --sref 203140091

스케치 이미지 실사이미지로 변환하기

이전에는 아이디어를 위해 한 이미지 안에 여러 이미지를 생성했다면, 이번에는 단일 스케치 이미지를 생성한 후 그 스케치에서 다양한 이미지 스타일로 변환하는 방법을 알아보겠습니다.

prompt
A drawing of a jewelry white background, [Earrings]designed in the style of [Bulgari], with shapes. The focus is on the elegant design elements such as creating an atmosphere of luxury and sophistication. High-resolution, high-quality, realistic details, product photography, top view.
[주얼리 종류], [주얼리 스타일]부분을 변경하면 다채로운 이미지 생성이 가능합니다.

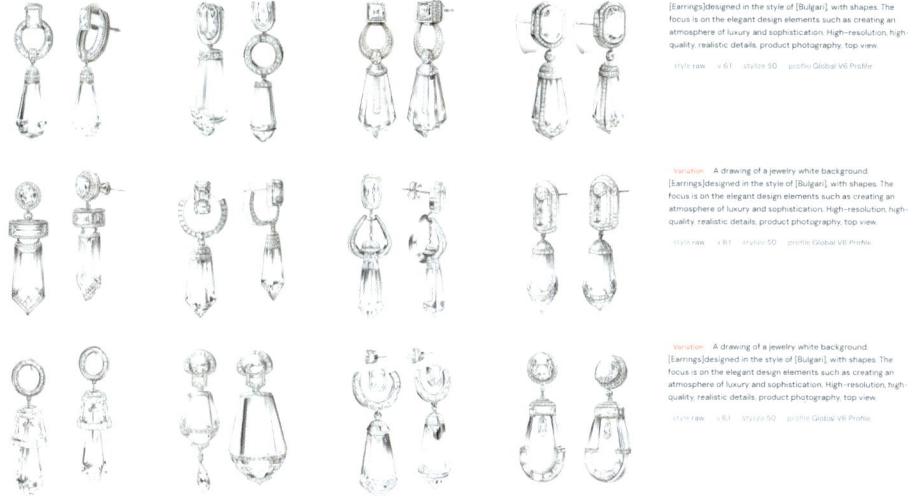

Full Edit 모드를 실행합니다

prompt

Photography Bulgari style jewelry earring design, soft diffused light, High resolution --raw --profile uz8t1nt --stylize 50 --v 6.1

실사 이미지 변환을 위해 Photography, 동일한 스타일 적용을 위해 Bulgari style 을 적용했습니다

Part 9
미드저니 업그레이드

Design 1 ~ 5

Part 9
미드저니 업그레이드

마지막으로 미드저니 활용을 한 단계 더 끌어올리는 방법을 알아보겠습니다. 이 파트에서는 지금까지 배운 모든 내용을 종합적으로 활용하는 실전적인 예시들을 보여드릴 예정입니다. 먼저 주얼리와 직접적인 관련이 없는 이미지에서 영감을 얻어 새로운 디자인 컨셉을 도출하고 실제로 이미지를 생성해내는 방법을 알아봅니다.

Design 1

이미지를 참조해 프롬프트를 작성합니다
컨셉 _ 흑백사진의 실버 소재 목걸이
영감 _ 흐르는 유기 물결

prompt

A black and white photograph Silver necklace inspired by rippling water reflections, flowing organic wave-shaped filigree modern minimalist style monochrome palette, underwater lighting, soft glow, focus on fluid forms and light refraction --ar 3:2 --raw --profile ar6kng3 --stylize 50
잔잔한 물의 반사에서 영감을 얻은 흑백 사진 실버 목걸이, 흐르는 유기 물결 모양의 선조 모던 미니멀 스타일 흑백 팔레트, 수중 조명, 부드러운 빛, 유체 형태와 빛의 굴절.

프롬프트만으로 생성된 이미지

첫번째 이미지 Vary Strong

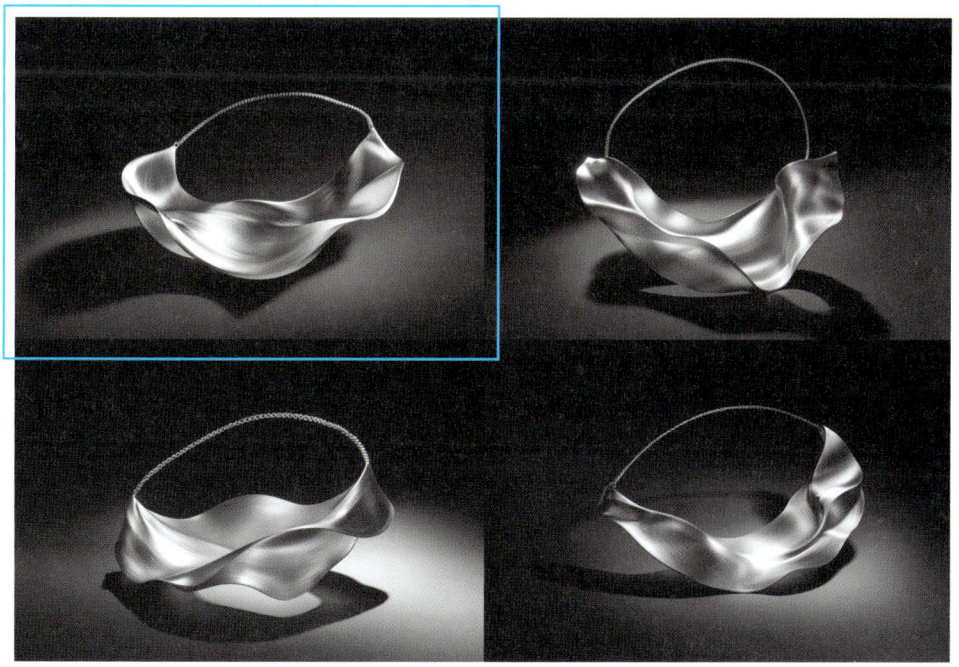

첫번째 이미지 Upscale Subtle로 완성

완성된 이미지를 Remix를 통해 개인화 코드를 변경하여 변화를 만들어 낼 수 있습니다

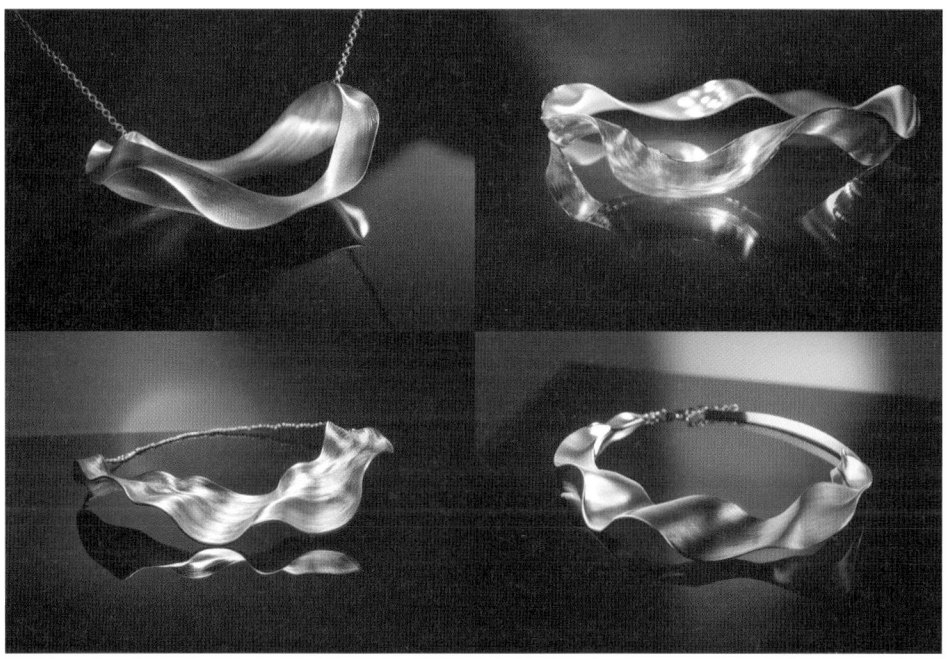

Design 2

한국 전통 자개에서 영감을 받은 이미지 생성

prompt

hyperrealistic pattern design inspired by traditional Korean lacquerware, deep glossy black lacquer background, intricate mother-of-pearl inlay, celestial theme, swirling Milky Way motif with stars in various sizes, iridescent abalone shell textures, Korean constellations (Big Dipper, Orion) in silver and gold leaf, surrounded by layered clouds, cranes, lotus flowers, geometric Korean border in gold, shimmering reflections, smooth polished surface with fine micro-scratches, dramatic lighting, cosmic harmony

한국 전통 칠기에서 영감을 얻은 초현실적 인 패턴 디자인, 깊은 광택의 검은 색 옻칠 배경, 복잡한 자개 상감, 천체 테마, 다양한 크기의 별이있는 소용돌이 치는 은하수 모티브, 무지개 빛깔의 전복 껍질 질감, 은색과 금색 잎으로 된 한국 별자리 (북두칠성, 오리온), 겹쳐진 구름, 학, 연꽃, 금색의 기하학적 한국 테두리, 반짝이는 반사, 미세 스크래치가있는 매끄럽고 광택있는 표면, 극적인 조명, 우주의 조화.

한국 전통 자개에서 영감을 받은 반지 디자인 프롬프트 작성

prompt

[Korean-inspired luxury jewelry ring design] [featuring mother-of-pearl inlays and floral motifs] [simple and elegant curves, traditional yet modern, natural shell iridescence, organic linework] [high-end close-up product shot, black background with subtle traditional patterns, premium lighting, no human, ultra-high resolution] --ar 3:2 --raw --stylize 50
[한국에서 영감을 받은 럭셔리 주얼리 반지 디자인] [자개 인레이와 꽃 모티브] [심플하고 우아한 곡선, 전통적이면서도 현대적인, 천연 조개 무지개 빛깔, 유기적인 선] [하이엔드 클로즈업 제품 샷, 검은 배경과 은은한 전통 패턴, 프리미엄 조명, 사람 없음, 초고해상도]

프롬프트만으로 이미지를 먼저 생성하고, 그 후에 이미지 프롬프트와 스타일 레퍼런스를 적용하여 결과를 비교해 보겠습니다. 이를 통해 각 방법의 차이점과 적용 강도에 따른 변화를 확인할 수 있습니다.

이미지 프롬프트 적용

--iw 값은 기본이 1이고 최대 3까지 적용이 됩니다

--iw 1

--iw 2

--iw 3

--iw 값이 증가할수록 반지의 존재감이 줄어들고 배경이 강조되는 현상이 나타납니다. --iw 값을 1로 설정했을 때 반지가 적절하게 표현되는 것 같습니다. 이제 동일한 배경 이미지를 스타일 레퍼런스에 적용했을 때 어떤 차이가 발생하는지 살펴보겠습니다. 이미지 프롬프트의 `--iw` 값 조절과 스타일 레퍼런스 적용을 비교하여 이미지 생성 결과가 어떻게 달라지는지 분석해 보면 더욱 명확한 차이를 알 수 있을 것입니다.

스타일 레퍼런스 적용 값의 범위는 --sw 0 ~ 1000입니다

확인 결과, `--sw` 값이 300 이상으로 설정되면 반지의 이미지가 희미해지는 것을 알 수 있었습니다. 따라서 최종 이미지를 생성할 때는 `--iw`와 `--sw` 값을 모두 낮게 설정하는 것이 적절하다고 판단됩니다.

다만, 패턴을 활용한 주얼리 디자인의 경우 항상 동일한 결과가 나타나는 것은 아닙니다. 현재 예시에서는 배경 이미지의 존재감이 워낙 강하기 때문에 이미지 가중치와 스타일 가중치 값을 높이면 배경 요소가 지나치게 강조되어 반지의 이미지가 약해지는 것입니다. 만약 배경에 특별한 강조 요소가 없다면, 다른 결과가 나올 수 있습니다. 다시 말해, 배경 이미지의 특성에 따라 적절한 `--iw` 및 `--sw` 값을 조절해야 최적의 결과물을 얻을 수 있습니다.

--sw 0

--sw 300

--iw 1

--sw 30

Design 3

대리석 이미지를 주얼리 디자인으로

레퍼런스 이미지

주얼리 완성 이미지

시작은 단순하게

prompt
Jewelry Simple Luxury Designs

처음 이미지를 생성할 때 간단한 프롬프트와 함께 이미지를 이미지 프롬프트로 활용했습니다. 특정 주얼리를 미리 정하지 않은 이유는 미드저니가 주어진 대리석 이미지에 가장 잘 어울리는 주얼리를 어떻게 표현해낼지 확인하고 싶었기 때문입니다.

여러번의 생성 후 아래 이미지가 대리석을 소재로 가장 잘 어울린다고 판단 Remix Strong 실행 후 프롬프트 Jewelry Simple Luxury Earrings Designs로 변경

첫번째 이미지가 귀걸이 디자인에 가장 잘 어울린다고 생각되어 디자인 결정 그 후 여러 번의 리믹스 단계를 실행하여 다지인의 변형을 확인합니다.

소재와 디자인을 유지하며 다양한 변형을 시도하기 위해 리믹스를 여러 번 실행해 보았지만, 만족스러운 결과물을 얻지 못했습니다. 그래서 생성된 이미지 중 하나를 골라 이미지 프롬프트로 활용하고, 새로운 프롬프트를 작성하여 이미지를 다시 생성합니다.

prompt

prompt

Elegant teardrop earrings featuring warm gold frames and faceted marble stones; traditional shape preserved, but the marble is precision-cut with diamond-like facets, creating a brilliant interplay of light across its creamy surface with natural crack patterns; paired with a pear-cut white topaz accent, minimalist luxury style, soft gradient backdrop, studio lighting, focus on texture, craftsmanship, and refracted reflections

우아한 물방울 형태의 귀걸이 디자인, 따뜻한 골드 프레임과 천연 크랙 텍스처가 있는 대리석 스톤으로 구성; 전통적인 형태는 유지하면서, 하단 대리석을 다이아몬드처럼 정밀하게 패싯 컷팅하여 빛의 반사와 굴절이 돋보임; 상단에는 페어컷 화이트 토파즈 포인트, 미니멀한 럭셔리 스타일, 그라데이션 배경과 스튜디오 조명, 텍스처와 장인정신, 빛의 반사 강조

하단 대리석 부분을 다이아몬드처럼 컷팅한 이미지를 만듭니다.

각이 가장 잘 살아있는 이미지를 선택 후 여러번 Vary Subtle을 실행하여 최종 이미지 생성 업스케일을 통해 마무리 합니다.

Design 4

한복에 어울리는 명품 노리개

한복의 아름다움을 담은 주얼리 디자인입니다. 인물 없이 오직 주얼리 자체에 집중하여 한복의 색감, 질감, 그리고 연꽃 문양을 포인트로 활용했습니다.

Prompt

Simple luxury jewelry design, luxurious traditional hanbok style inspired by lotus flower, pink and white lotus flower soft mint green with traditional Korean silk 심플한 럭셔리 주얼리 디자인, 연꽃에서 영감을 얻은 고급스러운 전통 한복 스타일, 핑크와 화이트 연꽃 소프트 민트 그린과 한국 전통 비단

주얼리 이미지를 생성할 때, 기존 이미지 생성에 사용되었던 프롬프트에서 주얼리 디자인과 관련된 핵심 요소만을 추출하여 새로운 프롬프트를 구성합니다

3번째 이미지를 Vary Strong 반복 실행하여 괜찮은 디자인이 나올때 까지 6회정도 반독합니다

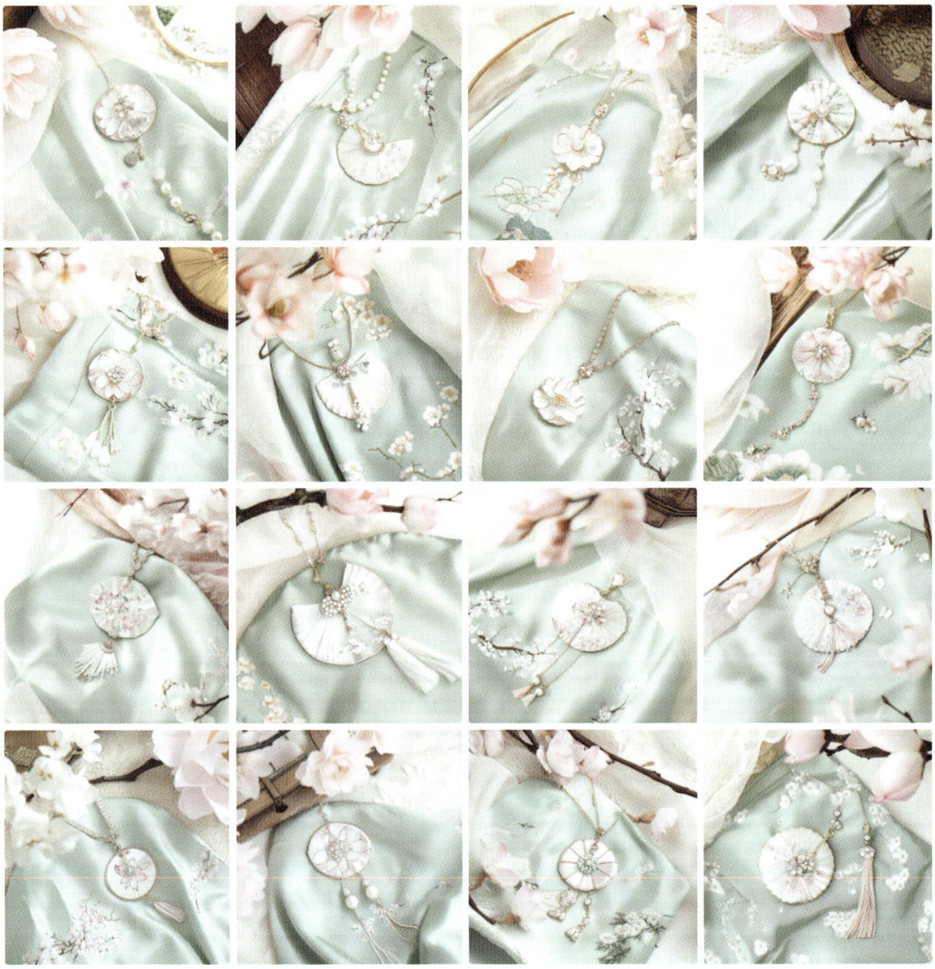

한복에 가장 잘 어울리는 디자인을 선정하여 업스케일로 최종 마무리합니다

이번에는 좀더 많은 요소가 들어간 프롬프트를 작성하여 다른 컨셉의 이미지를 생성합니다

prompt

Elegant jewelry inspired by traditional Korean hanbok and lotus pond scenery; crafted from brushed gold and jade with hand-engraved lotus and peony motifs; delicate and poetic, featuring mother-of-pearl inlays and silk tassel accents; set in a serene garden background with gentle water reflections and summer sunlight; soft focus photography; designed for cultural heritage collections and graceful formalwear, focus on the harmony of nature and tradition
한국 전통 한복과 연꽃 연못 풍경에서 영감을 받은 우아한 주얼리, 수작업으로 연꽃과 모란 모티브를 새긴 브러시드 골드와 옥으로 제작, 섬세하고 시적인 자개 상감과 실크 태슬 장식, 부드러운 물빛과 여름 햇살이 비치는 고요한 정원 배경, 소프트 포커스 사진, 문화유산 컬렉션과 우아한 정장용 디자인, 자연과 전통의 조화에 중점을 둔 주얼리.

생성된 이미지 중 3번째 이미지를 Vary Strong 실행해 이미지의 변화를 확인합니다

3번째 이미지를 활용하여 작업을 진행하겠습니다. 이전 이미지는 귀걸이였지만, 한복에는 노리개가 더 어울린다고 판단하여 콘셉트를 변경했습니다. 단순한 노리개가 아닌 디올, 까르띠에, 불가리 같은 명품 스타일과 한국 전통의 아름다움을 결합한, AI만이 구현할 수 있는 독창적인 디자인을 창조해 보겠습니다.

3번째 이미지를 미드저니가 아닌 ChatGPT를 사용해 각 브랜드 별로 이미지를 변경

dior style   Cartier style   Bulgari style

ChatGPT를 통해 생성한 이미지도 충분히 훌륭하지만 다양한 버전의 가공은 역시 미드저니 용이하므로 마무리 작업은 다시 미드저니로 진행합니다. 생성된 미지를 이미지 프롬프트로 사용해 이미지를 생성합니다

Prompt
[dior style] Tassel pendant with a lotus flower pattern in the middle, surrounded by white mother-of-pearl and a gold metal frame on top. A golden circle frame with a Leslie survival charm hangs from a delicate gray silk thread, resting flat against a light beige background. This high-resolution photograph was taken with a Sony Alpha A7 III camera, using natural lighting, soft shadows, no contrast, clean sharp focus, depth of field, and focus stacking techniques to create a high-quality, photo-realistic image. --ar 85:128 --raw --stylize 50 --iw 3
[디올 스타일] 중앙의 연꽃 패턴이 화이트 마더 오브 펄과 상단의 골드 메탈 프레임으로 둘러싸인 태슬 펜던트. 레슬리 서바이벌 참이 장식된 골드 원형 프레임이 섬세한 그레이 실크 실에 매달려 있으며, 밝은 베이지색 배경에 평평하게 놓여 있습니다. 이 고해상도 사진은 자연광, 부드러운 그림자, 콘트라스트 없음, 깨끗하고 선명한 초점, 피사계 심도, 포커스 스태킹 기법을 사용하여 소니 알파 A7 III 카메라로 촬영하여 고품질의 사실적인 이미지를 만들어 냈습니다.

| dior style | Cartier style | Bulgari style |

Design 5

귀여운 키링 시리즈 만들기

단일 이미지 작업이 아니라, 전 세계적으로 누구나 한눈에 알아볼 수 있는 랜드마크 4곳을 선정해서 귀엽고 아기자기한 주얼리 키링 시리즈로 만들어보겠습니다

prompt

Eiffel Tower
cute Eiffel Tower keyring, chibi style, rose-gold, pastel pink enamel, kawaii heart, soft rim light, 3D render

Taj Mahal
Taj Mahal macaron dome keyring, pearly white, pastel blue arches, opal sparkle, chibi architecture, studio lighting

Statue of Liberty
chibi Statue of Liberty keyring, mint enamel, ice-cream torch, kawaii face, soft shading, jewelry render

Sydney Opera House
Sydney Opera House cute keyring, silver, glitter aqua enamel, wave motif, kawaii minimalist, high-key lighting

1차 프롬프를 실행해 이미지를 생성합니다

"cute"라는 프롬프트를 사용했지만, 기대했던 만큼의 귀여움이 표현되지 않았습니다. 프롬프트만으로는 표현에 한계가 있다는 생각이 들어서, 같은 컨셉으로 ChatGPT를 활용해 이미지 프롬프트로 사용할 레퍼런스를 생성합니다.

동일한 프롬프트에 이미지 레퍼런스를 적용해 다시 생성 최종 결과물을 만듭니다.

동일한 과정으로 이번엔 우리나라의 유명한 4가지를 컨셉으로 키링을 만들어 보았습니다

N서울타워
cute N Seoul Tower keyring, clear two-tier base, rose-gold mirror, pastel rainbow glitter deck, heart beacon, visible ring loop, kawaii style, 3D jewelry render

광화문
cute Gwanghwamun keyring, pastel mint roof, chibi haetae side charms, antique silver, soft rim light

돌하르방
chibi Dol Hareubang keyring, lava-stone texture, tiny tangerine hat, soft grey enamel, kawaii face

한복 소녀
Hanbok girl keyring, pastel gradient skirt, pearl finish, tiny fan, chibi style, soft shadow

주얼리 디자인을 위한
미드저니 가이드

초판 1쇄 인쇄   2025년 11월 25일
초판 1쇄 발행   2025년 11월 30일

저 자	김규승
기 획	(재)전북테크노파크 전북디자인센터
발행인	유미정
발행처	도서출판 청담북스
주 소	(우)10909 경기도 파주시 하우3길 100-15(야당동)
전 화	(031) 943-0424
팩 스	(031) 600-0424
등 록	제406-2009-000086호
정 가	25,000원
ISBN	979-11-91218-41-1 13000

※이 책은 저작권법에 따라 보호를 받는 저작물이므로 무단 전재나 복제를 금지하며,
  이 책 내용의 전부 또는 일부를 이용하려면 반드시 저작권자나 발행인의 서면동의를 받아야 합니다.

※잘못된 책은 구입하신 서점에서 교환하여 드립니다.